普通高等教育"十三五"旅游与饭店管理及会展策划与管理专业系列规划教材

总主编 刘住

酒店管理概论

主 编 周亚 李玲 谭丹

西安交通大学出版社

XI'AN JIAOTONG UNIVERSITY PRESS

内 容 提 要

　　本书以培养应用能力为主导，适应新时代的需求，希望对酒店从业者和在校学生提供专业指导。除了主体内容，本书设置了知识链接与补充案例两个二维码单元，读者只需在相应二维码上扫一扫，就可以看到更多的专业相关知识与案例。

　　本教材可供普通高等教育旅游及饭店管理类专业的学生使用，也可作为旅游及饭店从业人员的学习参考用书。

前言 Preface

　　酒店是旅游业的重要组成部分,随着酒店竞争的加剧,对高质量人才的需求相应增加,而网络时代带来的顾客消费需求和消费方式的改变也对酒店提出了新要求。本书以培养应用能力为主导,适应新时代的需求,希望对酒店从业者和在校学生提供专业指导。除了主体内容,本书设置了知识链接与补充案例两个二维码单元,读者只需在相应二维码上扫一扫,就可以看到更多的专业相关知识与案例。

　　本书由湖南涉外经济学院周亚、李玲、谭丹担任主编,由戴春芳、刘浪浪、陈胜科、肖爱连、张铭晋、晏素、梁雅磊、卢嫣、张金层担任副主编。湖南省旅游局和长沙市多家星级酒店在本书编写过程中给予了大力支持与帮助,在此表示感谢。在编写过程中,我们参考了大量有关酒店管理的教材和资料,也通过网络查找到了很多非常有帮助的资料,在此一并表示感谢。

　　由于作者水平有限,书中存在的不足之处,恳请各位专家学者和广大读者多多批评指正。

编者

2017 年 12 月

目录 Contents

第一章　饭店概述

掌握饭店的含义并能描述其主要功能；

了解中外饭店发展的历史概况；

掌握不同类型的饭店的特点及我国饭店等级划分制度；

了解饭店管理集团的概念，掌握其优势及经营形式。

第一节　饭店的含义与功能

一、饭店的含义

饭店(hotel)一词源于法语，原指富贵门第或官宦之家所拥有的宏伟而豪华的宅邸，是主人们款待宾朋好友的地方，也是一般人赞赏和向往的去处。后来，英、美国家沿用这一名称来指所有商业性的住宿设施。在中文里表示住宿设施的称谓有很多，如饭店、旅馆、宾馆、大厦、度假村、旅店、旅社、客舍、招待所等。由于我国国家旅游局制定的《旅游饭店星级的划分与评定》和其他各种标准中，都是使用"饭店"一词来概括以上各种称谓。因此，本书也统一使用"饭店"这一名称，同时把住宿业也称为饭店业；在讲到档次低或规模小的住宿设施时，有时也使用"旅馆""旅店"等名称。

目前，关于饭店的定义，国外的一些权威词典曾经下过如下定义：

饭店是装备完好的公共住宿设施，它一般都提供膳食、酒类以及其他服务。——《美利坚百科全书》。

饭店是在商业性的基础上向公众提供住宿，也往往提供膳食的建筑物。——《大不列颠百科全书》。

饭店一般地说是为公众提供住宿、膳食和服务的建筑与机构。——《科利尔百科全书》。

饭店是提供住宿、膳食等而收费的住所。——《牛津插图英语辞典》。

饭店是提供住宿，也经常提供膳食与某些其他服务的设施，以接待外出旅游者和非永久住宿者。——《韦伯斯特美国英语新世界词典》。

在我国《旅游饭店星级的划分与评定》(GB/14308－2010)的国家标准中，对饭店的定义是："能够以夜为时间单位向旅游客人提供配有餐饮及相关服务的住宿设施，按不同习惯它也被称为宾馆、饭店、旅馆、旅社、宾舍、度假村、俱乐部、大厦、中心等。"

从上述的定义，作为饭店必须同时具备以下四个条件：

(1)它是由建筑物及装备完好的设施组成的接待场所。

(2)它必须是经政府批准的，能够提供住宿设施，也往往提供餐饮和其他高水平服务的设施。

（3）它的服务对象是公众，主要是外出旅游者，也包括半永久居住的人，但不应当是永久居住的人。

（4）它是商业性的服务企业，以营利为目的，所以其使用者一定要支付一定的费用。

二、饭店的功能

饭店最基本、最传统的功能是向宾客提供住宿和餐饮。由于客源及其需求的变化，现代饭店的功能较之传统的饭店时期有了更多的发展。其主要功能如下：

（一）住宿功能

住宿功能是指饭店具有向客人提供舒适方便、安全卫生的居住和休息空间的功能。现代饭店按照其星级的不同，向客人提供不同标准和等级的设施与服务。饭店的星级越高，其提供的设施越豪华，服务越完善。

（二）饮食功能

饮食功能是指饭店具有向客人提供饮食及相关服务的功能。星级饭店通常具有多种不同风味和消费层次的餐厅和酒吧，适应来自不同国家、地区，具有不同消费习惯的客人的需要，向客人提供多样性的美食和饮品，使客人流连忘返。

（三）会议功能

会议功能是指饭店具有可为因参加各种会议而暂住的客人提供会议、住宿、膳食和其他相关的设施与服务的功能。饭店内设有大小规格不等的会议室、谈判室、演讲厅、展览厅。会议室，谈判室都有良好的隔板装置和隔音装置，并能提供多国语言的同声翻译，有的饭店还可以举行电视会议。近年来，会议市场发展迅猛，接待会议可以产生较高的综合经济效益和社会效益。

（四）商务功能

商务功能主要是指饭店具有为客人的商务活动提供各种设施和服务的功能。它包括为客人的商务活动提供写字间、展览厅等场所；为客人提供国际国内直拨电话、传真、上网工具等现代化的通信设施设备。21世纪饭店出现了客房商务化的趋势，客房除配置传真机、电话机、打印机、电脑互联网Internet的接口等外，有的饭店还在发展电子会议设备，设有为各种联络所需要的终端。先进的饭店通过高科技手段而更加智能化、信息化，从而满足商务客人更高的需求。

（五）文化娱乐功能

文化娱乐功能是现代饭店具有的通过文化活动的举办、康体设施的提供，以服务于客人的休闲和康体为目的的饭店功能。随着生活水平的提高，人们对文化、娱乐、康体、休闲的要求越来越高，而现代饭店作为人们文化交流、社交活动的高级场所，通过多种多样的文化娱乐活动的展开，既可以满足客人的需要，又可以拓宽饭店的经营范围。

（六）度假功能

随着经济的发展，度假旅游市场日趋兴旺。度假客人对度假型饭店的需求越来越高，希望度假型饭店能够给他们带来心理的愉悦感和放松的心态。度假饭店一般位于交通便利的海滨、山区、温泉、海岛、森林等地，世界上著名的综合性度假型饭店有位于火奴鲁鲁的夏威夷希尔顿之村，位于加利福尼亚州棕榈温泉附近的斯巴、马里奥特（又称万豪）沙漠泉饭店等。近年来,度假型饭店在我国发展很快。深圳的香蜜湖度假村、海南三亚的香水湾度假饭店等均为敞开式、生态化设计,体现低密度、重休闲和以人为本的主导思想,理念上注重人性与自然的关系,手段上注重突出自然环境,是人们休闲度假的理想乐园。

可见,现代饭店已不仅仅是住宿产业,而且是为旅游者提供多种服务、具备多种功能的"生活产业"。随着经济的发展、社会的进步、客人需求的变化,现代饭店的功能也会不断地延伸。

第二节　饭店业的发展历程

一、世界饭店业的发展

人类的旅行活动古已有之,为旅行者提供过夜休息、餐饮的设施应运而生。相传欧洲最早的食宿设施始于古罗马时期,其发展进程大体经历了客栈时期、大饭店时期、商业饭店时期等阶段,其间几经起落,几经盛衰。第二次世界大战以后,随着欧美国家经济的复苏,人们旅行活动日趋频繁,旅游业迅速发展,世界各地饭店数量骤增,出现了不少拥有数十上百家饭店、跨国连锁经营的大型饭店集团,世界饭店业从而进入了现代新型饭店时期。

(一)客栈时期

在西方,客栈时期一般是指 12 世纪到 18 世纪之间这段历史时期。客栈是指乡间或路边的小客站、小旅店,供过往旅行者寄宿之用。早期的客栈规模小、设备简陋。一个房间摆上几张床,旅客们往往挤在一起睡觉,吃的也是和主人差不多的家常饭。除提供食宿之外,客栈无其他服务。客栈是独立的家庭生意,客栈的房舍是家庭住宅的一部分,这个家庭就是客栈拥有者和经营者。到了 15 世纪,客栈开始流行。有些客栈已拥有 20～30 间客房,条件好的还有一个酒窖、一个食品室、一个厨房。到了客栈盛行的 18 世纪,在英国等地的客栈除了为过往旅客提供食宿之外,还成为人们聚会并互相交往、交流信息的场所。当地的客栈往往坐落在乡镇人群活动的中心区域或公共马车车站旁,成为当地社会、政治与商业活动的中心。

(二)大饭店时期

大饭店时期一般是指 18 世纪末到 19 世纪末这一时期。18 世纪后叶,随着欧美诸国进入工业化时代,世界饭店业进入了大饭店时期。当时在欧洲的多数大城市里,大兴土木,争相建造豪华饭店。如 1850 年在巴黎建成的巴黎大饭店(Grand Hotel);1874 年在柏林开业的恺撒大饭店(Kaiserhof Hotel);1876 年在法兰克福开业的法兰克福大饭店(Frankfurt Hotel);1885 年建成的巴黎罗浮宫大饭店;1889 年开业的伦敦萨沃伊饭店(Savoy Hotel);1907 年在纽约建成的广场饭店(Plaza Hotel)等。而当时最具代表性的饭店是 1829 年在美国波士顿落成的特里蒙特饭店(Tremont Hotel),它被称为第一座现代化饭店,为整个新兴的饭店行业确立了明确的标准。它是第一座建有前厅并把钥匙留给客人的饭店;第一次设门厅服务员;第一次把客房分为单人间和双人间;第一次使用菜单;第一次开展对员工的培训。特里蒙特饭店由此闻名,成为饭店历史上的里程碑。

这一时期饭店经营者中最具代表性的人物是瑞士人恺撒·里兹(Caeser·Ritz,1850—1918 年),他提出了"客人永远是对的"(The guest is never wrong)经营格言。他所经营的饭店是豪华饭店的代表。"Ritzy"一词也因其名而来,意即时髦、豪华、讲究排场。

大饭店和客栈有着许多根本的区别。大饭店都是建在繁华的大都市,规模宏大,建筑与设施豪华,装饰讲究。饭店的服务是第一流的,讲求礼仪,主要接待王公、贵族、官宦和社会名流。饭店投资者、经营者的根本兴趣是取悦于社会上流,求得社会声誉,往往不太注重经营成本。

(三)商业饭店时期

商业饭店时期大约从20世纪初到20世纪50年代。美国的饭店大王埃尔斯沃思·斯塔特勒(Ellsworth·Statler)被公认为商业饭店的创始人。他发现并非所有的客人都想进行社交活动,很多人喜欢关在可以保留个人隐私的房间里,因此,他立志要建造一种"为一般公众能负担得起的价格之内提供必要的舒适与方便、优质的服务与清洁卫生"的饭店,亮出了"平民化、大众化"的旗号。1908年,他在美国纽约州水牛城(Buffalo)建造了自己的第一个饭店。

第一家由他亲自设计并用自己名字命名的斯塔特勒饭店,一个带卫生间的客房房价仅为1美元50美分。斯塔特勒提出了饭店经营成功的根本要素是"地点、地点、地点"的原则,还提出"饭店从根本上来说,只销售一样东西,这就是服务"等至理名言。斯塔特勒创建的饭店被誉为现代商业饭店的里程碑。

商业饭店时期,其饭店的特点是服务设施与服务项目讲求舒适、方便、清洁、安全与实用,而不是刻意追求豪华与奢侈;经营管理上讲卒经营艺术,改善管理,注重质量标准化,降低成本以获取最佳利润;价格合理,使客人感到物有所值;服务对象主要是商务旅行者。

商业饭店时期是世界饭店史中最为重要的阶段,也是世界各国饭店业最为活跃的时期,它从各方面奠定了现代饭店业的基础。

知识拓展1-1

酒店人不能不知道的人物——埃尔斯沃思·斯塔特勒

(四)现代新型饭店时期

现代新型饭店时期于20世纪50年代至今。在20世纪50年代,随着欧美国家战后的经济复苏,人们在国内、国际的旅行和旅游活动日益频繁,空中交通及高速公路日益普及,这为现代饭店业的发展提供了巨大的空间,因此,现代饭店的经营规模越来越大。饭店经营规模的不断扩大,首先表现在单个饭店的经营规模越来越大,如单个饭店从原有的几十间客房发展到几百间客房的大饭店,进而发展到几千间客房的超级饭店。例如,美国拉斯维加斯市的米高梅大饭店(MGMGrand Hotel)拥有5034间客房。饭店经营规模不断扩大的另一个表现,就是饭店集团在全球扩张的速度不断加快。20世纪50年代初,隶属于美国泛美航空公司的洲际饭店集团(Intercontinental Hotels Group)的出现,标志着现代饭店集团开始迈出国际化步伐。早在洲际饭店集团向海外扩张发展的推动下,一批规模较大的饭店集团,如万豪饭店管理集团(Marriott International)、希尔顿全球(Hilton Worldwide)、温德姆酒店集团(Wyndham Hotel Group)、精选国际酒店集团(Choice Hotels International)、雅高酒店集团(AccorHotels)、锦江酒店集团(Shanghai Jin Jiang International Hotel Group Co.,Ltd)等纷纷向海外扩张,从而带动海外饭店所在国的饭店业的发展,使饭店业成为第三产业中影响最大的服务行业。

在现代新型饭店时期,饭店业发达的地区并不仅仅局限于欧美,而是遍布全世界。特别值得一提的是,亚洲地区的饭店业从 20 世纪 60 年代起步发展到如今,其规模、等级、服务水准、管理水平等方面毫不逊色于欧美的饭店业。在美国《机构投资者》杂志(《Institutional Investors》)每年组织的颇具权威性的世界十大最佳饭店评选中,亚洲地区的饭店往往占有半数以上,并名列前茅。由香港文华东方酒店集团(Hong Kong Mandarin Oriental Hotel)管理的泰国曼谷文华东方大酒店,十多年来一直在世界十大最佳饭店排行榜上名列榜首。在亚洲地区的饭店业中,已涌现出较大规模的饭店集团公司,如日本的大仓饭店集团(Hotel Okura Co., Ltd)、日本的新大谷饭店集团(New Otani Associate Hotels)、香港文华东方酒店集团(Hong Kong Mandarin Oriental Hotel)、香港的香格里拉酒店集团(Shangri-La Hotels and Resorts)、中国的如家酒店集团(Home Inns & Hotels Management)等。这些饭店集团公司不仅在亚洲地区投资或管理饭店,并已扩展到欧美地区。亚洲地区饭店的崛起及迅速发展,举世公认。究其原因,一是得益于 60 年代以来这个地区的经济腾飞、发展及繁荣;二是引进了欧洲饭店业的良好传统和经验丰富的专业人才,借鉴了美国饭店业科学管理的原则和经验;三是在饭店服务与管理中糅合东方民族悠久的富有人情味的好客传统,并充分发挥亚洲民族勤勉好学的长处和具有丰富人力资源的优势。

现代新型饭店的特点除注重规模效益、连锁经营外,还表现在为适应现代人的需求,其功能日益多样化,饭店不再是仅仅向客人提供吃、住的场所,还要满足客人对娱乐、健身、购物、通讯、商务等多种需求,饭店也是当地社交、会议、展览、表演等活动的场所;在经营管理上,注重用科学的手段进行市场促销、成本控制、人力资源管理等;在设备设施上,注意运用适合客人需求的饭店服务及办公的各种高新科技产品。在社会上,为饭店行业配套服务的专业公司也日臻完善,有饭店管理咨询公司、饭店订房代理公司、饭店会计事务所、饭店建筑设计事务所、饭店设备用品公司,开设饭店管理专业的各类院校等等。

二、中国饭店业发展

在中国,最早的饭店设施可追溯到春秋战国或更古远的时期。数千年来,中国的唐、宋、明、清也被认为是饭店得到较大发展的时期。19 世纪末,中国饭店业进入近代饭店业阶段,但此后发展缓慢。直到 20 世纪 70 年代末,中国推行改革开放政策以后,饭店业才开始快速发展。中国饭店业的发展经历了古代饭店设施、近代饭店业和现代饭店业三个主要发展阶段。

(一)中国古代饭店设施

中国是世界上最早出现旅店的国家之一。中国饭店的起源可以追溯到春秋战国甚至更远古的时期。数千年来,中国的唐、宋、明、清被认为是饭店业发展较快的时期。在中国古代,住宿设施大体可分为官办设施和民间旅店两类。

古代官办设施主要有驿站和迎宾馆两种。驿站是中国历史上最古老的一种官办住宿设施,它是古代供传递官府文书和来往官员途中食宿、换马的场所。据史料记载,驿站制始于商代中期,止于清光绪年间"大清邮政"的兴办,有长达 3000 多年历史。迎宾馆是古代官方用来款待外国使者、外民族代表及商客,安排他们食宿的馆舍。在历代,曾有"四夷馆""四方馆""会同馆""诸侯馆""蛮夷邸"等各种称谓,称之为"迎宾馆"则始于清末。中国古代迎宾馆作为一种官办接待设施,适应了古代民族交往和中外往来的需要,对中国古代的政治、经济和文化交流起了不可忽视的作用。

古代民间旅店作为商业的重要组成部分在 3000 年前的周朝时期就已出现。它的产生和发展与商贸活动的兴衰及交通运输条件密切相关。春秋战国时期,农业生产的进步,促进了手工业和商业的发展,频繁的商贸活动增加了对食宿设施的需求,为民间旅店的发展提供了市场。至战国时期,民间旅店业已经初步形成。秦汉两代是中国古代商业较为活跃的时期,民间旅店业也有了更进一步的发展空间。在唐代盛世,经济繁荣,社会安定,民间旅店也进入商业都市,遍布繁华街道。明清时期,由于封建科举制度的进一步发展,在各省城和京城出现了专门接待各地赴试学子的会馆,民间旅店业十分兴旺。清末民初,我国饭店从古代饭店中脱离出来,以新的面貌出现。

(二)中国近代饭店业

中国近代由于受到帝国主义列强的入侵,沦为半殖民地半封建社会。当时的饭店业除有传统的旅馆之外,还出现了西式饭店和中西式饭店。

西式饭店是对由外国资本建造和经营的饭店的统称。19 世纪初,由于外国列强的侵入,中国出现了半殖民地半封建的社会经济,帝国主义为了更好地为其政治、经济、文化侵略服务,在中国投资兴建了规模宏大、装饰华丽、设备先进的大饭店,其接待对象主要以来华外国人为主,同时也是当时上流社会达官贵人聚会的场所。饭店的经理人员皆来自英、法、德等国。至 1939 年,在北京、上海、广州等 23 个城市中,已有外国资本建造和经营的西式饭店近 80 家,具有代表性的饭店有北京的六国饭店、北京饭店,天津的利顺德大饭店,上海的礼查饭店和广州的万国酒店等。西式饭店是帝国主义列强入侵中国的产物,为帝国主义的政治、经济、文化服务,但另一方面,西式饭店的出现对中国近代饭店业的发展起了一定的促进作用。当时西式饭店经营者中,有不少人受过饭店经营的专业教育和训练,他们把当时西式饭店的建筑风格、设备配置、服务方式、经营管理的理论和方法带到了中国。

中西式饭店是在西式饭店带动下,由中国的民族资本投资兴建的一批半中半西风格的新式饭店,这类饭店在建筑式样、店内设备、服务项目和经营方式上都接受了西式饭店的影响,而且在经营体制方面也仿效西式饭店的模式,实行饭店与银行、交通等行业联营。至 20 世纪 30 年代,中西式饭店的发展达到了鼎盛时期,在当时的各大城市中,均可看到这类饭店,如北京的长安春(1912)、东方饭店(1918)、西山饭店(1920)等,天津的国民饭店(1923)、世界大楼(1941),上海的东方饭店、中央饭店、大上海饭店、南京饭店、百乐门饭店、金门饭店等。中西式饭店将欧美饭店业的经营观念和方法与中国饭店经营环境的实际相融合,成为中国近代饭店业中引人注目的成分,为中国饭店业进入现代新型饭店时期奠定了良好的基础。

(三)中国现代饭店业

新中国成立后,中国饭店业进入了新的发展时期。自 1978 年我国开始实行对外开放政策以来,大力发展旅游业,特别是近些年来"小长假"制度的实施,这为我国现代饭店业的兴起和发展创造了前所未有的良好机遇。

中国现代饭店业发展主要经历了转型、上轨道到进入现代化水平的三个阶段,初步实现了由落后到比较先进、由国内水平向国际水平接近的巨大进步。

1.转型阶段

(1)完成了由事业单位招待型管理向企业单位经营型管理的转型。

1978 年以前,中国大部分饭店属事业型单位,在财政上实行统收统支、实报实销的制度,基本没有上缴利润,没有任何风险。饭店功能单一,只能提供简单的住宿,谈不上满足客人要求的各种服务项目;经营上既没有指标,也没有计划,因此,作为一个饭店也就既没有压力,也缺乏活力,与满足国际旅游业发展和为国家增加创汇要求极不相称。1978—1983年,旅游行政管理部门围绕着如何使我国饭店业由招待型管理转轨为企业型管理,如何提高饭店管理与服务的水平,如何提高管理人员素质等方面做了大量的工作。提出了饭店应建立岗位责任制,开展多种经营,在经济性质上实现企业化。经过几年的努力,饭店服务质量有了明显进步,经营管理水平有了显著的提高。一大批原来的事业单位初步实现了企业化,饭店经营水平有了明显变化,服务质量有了显著提高。

(2)完成了从经验型管理向科学化管理的转变。

1984年,国务院批转了国家旅游局《关于推广北京建国饭店经营管理方法有关事项的请示的通知》,在全行业推广北京建国饭店的科学管理方法。建国饭店是北京第一家中外合资、聘请外国饭店管理集团对我国饭店全权管理的饭店。开业时间不长,就以符合国际水准的服务誉声中外,并取得了良好的经济效益。国家旅游局在认真总结该饭店经营管理办法的基础上,在全国分两批选定102家饭店进行试点。在试点单位带动下,全国饭店业在经营方式、管理方法、服务理念方面都发生了深刻变化,科学管理体系开始形成。

2. 上轨道阶段

1988年8月22日,国家旅游局吸取国际饭店行业通行做法,发布了《中华人民共和国旅游涉外饭店星级标准》,1989年国家旅游局的星级饭店评定工作开始推行,这标志着中国旅游饭店业走上了国际现代化管理轨道的新阶段。我国的饭店星级标准,是在对国内外饭店业进行大量调查研究的基础上,参照国际通行标准并结合我国实际情况,在世界旅游组织派来的专家指导下制定出来的。饭店星级是国际旅游业的通用语言,我国饭店业实行星级制度,可以促使饭店管理和服务符合国际惯例和国际标准。评定星级既是客观形势发展需要,也是我国饭店管理走上轨道的重要一步。饭店有了星级,既可为客人选择饭店档次提供条件,满足不同客人的需要,又可以促使饭店按照星级标准向客人提供服务。1993年9月,对星级标准进行修改后,并由行业标准上升为国家标准。这是我国旅游业第一个国家标准,星级标准制度和星级评定制度的推行,符合市场经济内在的发展规律,符合饭店企业的长远发展需要,也大大推动了我国饭店业真正与国际惯例接轨。后来,在1997年、2003年和2010年又先后对标准进行了不同程度的修订。

3. 进入现代化阶段

20世纪80年代以来,国际上许多知名饭店管理集团纷纷进入中国饭店市场,向我国饭店业界展示了专业化、集团化管理的优越性。我国饭店业通过资产重组和体制创新,也逐步向专业化、集团化经营管理迈进。

1994年,中国的饭店业已形成了一定的产业规模。经国家旅游局批准,中国成立了第一批自己的饭店管理公司,如上海锦江、上海华亭、上海新亚、南京金陵、北京兆龙、北京六合兴、北京燕都、广州白天鹅、广州东方、厦门悦华等。这为迅速崛起的中国饭店业注入了新的活力,引导中国饭店业向专业化、集团化管理的方向发展。另外,20世纪90年代中后期,中国饭店业的总量急骤增加。由于受到国际国内经济环境变化的影响,饭店业的经营效益出现滑坡,"走集约型"发展之路,越来越成为饭店业的共识,要求饭店业应从单纯追求总量扩张、注重外延型发展向追求质量效益、强化内涵型发展转变。

第三节　饭店的类型和等级

一、饭店的类型

按照饭店服务对象、计价方式、规模和等级分类,是国际饭店业的传统分类方法。根据某些特定标准对饭店进行分类,一是有利于顾客选择,二是有利于饭店的市场营销,三是便于同行业的比较。

(一)根据饭店市场和宾客特点分类

1.商务型饭店

商务型饭店(commercial hotels)也称暂住型饭店(transient hotels),是主要接待商务客人、公务客人及因各种原因作短暂逗留的其他客人。此类饭店多位于经济繁华的城市中心,交通便利、装修华丽、设施设备先进。饭店通常设有商务中心、各类会议厅室、宴会厅等,还设有商务套房及行政楼层。这类饭店为适应细分市场的需求,也分有各种等级。世界上著名的国际饭店集团所属的饭店绝大多数都属于商务型饭店。我国北京的王府饭店、长城饭店,上海的锦江饭店、希尔顿酒店,广州的中国大酒店、花园酒店、白天鹅宾馆等都属于商务型饭店。

2.长住型饭店

长住型饭店(resident hotels)也称为公寓型(apartment hotels),是为长住客人提供住宿服务的饭店。其主要客源市场是住宿期较长的,在当地短期工作或度假的客人或者家庭。长住型饭店与宾客之间有着一种不同于其他类型饭店与宾客间的法律关系,这类饭店与宾客通常需要签订一个租约。长住型饭店的建筑布局与公寓相似但又有区别,客房多采用家庭式布局,以套房为主,配备适合宾客长住的家具和电器设备,通常提供厨房设备供宾客自理饮食。这类饭店的组织、设施、管理较其他类型简单,特点是亲切、周到、富有家庭气氛。我国比较典型的长住型饭店是上海的龙柏宾馆,其内有 32 栋小楼(公寓),每一栋小公寓都有一个商社或商社的家属居住。

3.度假型饭店

度假型饭店(resort hotels)传统上以接待旅游、度假、疗养等宾客为主。此类饭店通常坐落在风景名胜地区(如海滨、著名山庄、温泉等附近),远离繁华的城市中心和大都市,但交通要便利、畅通,提供滑雪、骑马、狩猎、垂钓、划船、潜水、冲浪、温泉浴、高尔夫球、网球等项目及相应设施。度假地区环境及活动的吸引力是一家度假型饭店成功的关键。近年来,在许多饭店业发达的国家,已出现度假型与商务型相结合的饭店,在度假型饭店里增设商务会议设施,即所谓改良的度假型饭店。我国珠海御温泉度假村、杭州法云安缦度假村、广州碧水湾温泉度假村、三亚鸟巢度假酒店等均属此类型。

4.会议型饭店

会议型饭店(convention hotels)的主要接待对象是各种会议团体。饭店配备工作人员,帮助会议组织者协调会议各项事务,提供专业的会议接待服务。会议型饭店通常位于大都市和政治、经济中心,或交通方便的游览胜地。会议饭店除应具备相应的住宿和餐饮设施外,要求有各种类型的会议厅或大的多功能厅,可根据需要用作会议厅、舞厅或宴会厅,有的饭店还设展览厅,须配备齐全的会议设备,如投影仪、录放像设备、扩音设备、先进的通讯、视听设备,接待国际会议的饭店还要求具备同声传译装置,同时应配备训练有素的会议服务专业人员提供高效率的接待服务。

5. 汽车饭店

汽车饭店(motor hotels 或 motels)常见于欧美国家公路干线上。它是随着汽车的迅速普及与高速公路的迅速扩展而逐渐产生的一种新型住宿设施,以接待驾车旅行的客人和家庭而得名。早期此类饭店设施简单,规模较小,有相当一部分仅有客房而无餐厅、酒吧,以接待驾车旅行者投宿为主。现在,有的汽车饭店不仅设施方面大为改善,且趋向豪华,多数可提供现代化的综合服务。美国的假日饭店集团、华美达饭店集团、霍华德约翰逊集团等均拥有大量的汽车饭店。

(二)根据饭店计价方式分类

1. 欧式计价饭店

欧式计价饭店(european plan)是指客房价格仅包括房租,不含食品、饮料等其他费用的饭店。世界各地绝大多数饭店均属此类。

2. 欧陆式计价饭店

欧陆式计价饭店(continental plan)是指房价包括房租及一份简装的欧陆式早餐,即咖啡、面包和果汁的饭店。此类饭店一般不设餐厅。

3. 美式计价饭店

美式计价饭店(american plan)是指客房价格包括房租以及一日三餐费用的饭店。目前尚有一些地处偏远的度假型饭店仍属此类。

4. 修正美式计价饭店

修正美式计价饭店(modified american plan)是指客房价格包括房租和早餐以及一顿正餐(午餐或晚餐)费用的饭店。此类饭店方便宾客有较大的自由安排白天活动。

5. 百慕大计价饭店

百慕大计价饭店(bermuda plan)是指饭店房价包括住宿费及一顿丰盛的西式早餐的饭店。此类饭店对商务旅客具有较大的吸引力。

(三)根据饭店规模分类

饭店的规模可以用很多标准来衡量,而按照饭店拥有客房数量来表示饭店规模,是一种传统的分类标准,它在各种衡量标准中最为客观。目前,国际上通行的划分方法是按客房数量把饭店分为小、中、大三种类型。

1. 小型饭店

一般把客房数在 200 间以下的饭店称为小型饭店。在夫妻饭店占主导的欧洲,饭店的平均客房数不足 50 间;而在日本,饭店平均客房数约为 70 间。在小型饭店中,客人较易受到家庭式的服务。但是,由于受建筑设施和经济实力等方面的限制,小型饭店在宣传招徕和综合服务等方面的竞争能力较弱。

2. 中型饭店

一般把客房数在 200 间到 400 间的饭店称为中型饭店。中型饭店的设施相对来说较为齐全，能够提供舒适方便的客房、餐厅、酒吧、康乐设施、健身设施等服务，是一般旅游者理想的休息娱乐场所。美国饭店的平均规模大约为 125 间客房。

3. 大型饭店

一般把客房数在 400 间以上的饭店称为大型饭店。大型饭店的设施和服务项目十分齐全，一般都有各种大小规格的会议厅、宴会厅、健身设施、康乐设施、迪斯科舞厅、音乐酒吧等。大型饭店在宣传招徕和综合服务等方面具有明显的优势，但在经营方面所承担的风险也很大，因此必须采用先进的设备和科学的管理手段，具备良好的营销能力。

知识拓展 1-2

全球客房数最多的酒店——美国威尼斯人酒店

(四)按饭店等级分类

1. 一星级饭店

一星级饭店建筑物结构完好，功能布局基本合理，方便宾客在饭店内活动；有一个供宾客使用的大厅或起居室的公共房间；应有至少 15 间(套)可供出租的客房；应至少 18 小时提供接待、问询、结账服务等。

2. 二星级饭店

二星级饭店是比较好的、舒适的饭店。除具有一星级饭店所规定的各项标准和要求外，应有至少 20 间(套)可供出租的客房、应有就餐区域；至少 50% 的客房内应有卫生间，应 24 小时供应冷水，至少 12 小时供应热水；客房内应配备电话、电视机等设施，且使用效果良好；应 24 小时提供接待、问询、结账和留言等服务等。

3. 三星级饭店

三星级饭店应该是很好的、很舒适的饭店。除了具有二星级饭店所规定的标准外，还应有装饰漂亮的大厅，有至少 30 间(套)可供出租的客房，应有单人间、套房等不同规格的房间配置；饭店规范性服务项目齐全、服务质量和管理水平较二星级饭店有较大的提高。

4. 四星级饭店

四星级饭店是非常舒适的饭店。除具有三星级饭店的标准和要求外，有部分套房达到豪华标准，标准间客房宽大、设施高档豪华，各种电器设施均属高质量产品；具有高水平的接待服务和优秀的服务人员，高水平的饭店管理和良好的饭店形象。

5. 五星级饭店

五星级饭店大多数属于豪华型饭店，除具有四星级饭店的标准外，还拥有豪华的大厅、接待室和阅览室,拥有高级的公用房间,包括各种类型的会议室;有较多套房,且客房宽大、装饰豪华漂亮。有一流的服务人员和高质量的服务,高水平的饭店经营和管理等。

(五)按饭店经营方式分类

1. 独立经营饭店

独立经营饭店,是指由投资者独立经营的单个饭店企业。在实际经营中,绝大多数中小型饭店都属于独立经营饭店。独立经营饭店管理简单、协调容易,但市场竞争力弱。

2. 集团经营饭店

集团经营饭店,是指由饭店集团以各种不同方式经营的饭店。一是由集团总公司直接经营的所属饭店;二是由集团公司按合同进行管理的联号饭店;三是由集团公司授权特许经营的饭店。集团经营饭店的优点是可以利用名牌饭店信誉,占领市场,争取客源;缺点是要受集团公司不同程度的控制。

3. 联合经营饭店

联合经营饭店,是指由许多单个饭店企业联合起来的饭店,以对抗集团经营饭店的竞争。联合经营饭店在保持各饭店产权独立、自主经营基础上,实行统一订房系统、质量标准和公认的标志,并进行联合宣传、促销和互送客源。

二、现代饭店的等级

(一)实行饭店等级制度的目的

饭店等级制度是国际旅游业的通用语言,是世界旅游发达国家通行的一项制度,实行饭店等级制度的目的一般有以下几点。

1. 维护饭店宾客的权益

饭店的等级标志本身是对饭店设施与服务质量的一种鉴定与保证。对饭店进行分级,可使客人在预订或使用之前,对饭店有一定的了解,并根据自身的要求和消费能力进行选择。对饭店进行定级可以有效地指导客人选择饭店,为此提供物有所值的服务,保障他们的合法权益。

2. 便于行业的管理和监督

饭店行业的服务水平和管理水平,对消费者及所在国家和地区的形象和利益,均有重要的影响。许多国家的政府机构或其他行业组织,都将颁布和实施饭店等级制度作为行业管理与行业规范的一种手段,通过对饭店定级,对饭店的经营和管理进行监督,使饭店将公众利益和社会利益结合在一起。

3. 有利于促进饭店业的发展

饭店的等级,从经营的角度看,也是一种促销手段,有利于明确饭店的市场定位,并针对目标市场更好地展示饭店的产品和形象,同时也有利于同行之间平等、公平地竞争,可促进不同等级的饭店不断完善设施和服务质量,提高管理水平,维护饭店的信誉。对接待国际旅游者的饭店来说,也便于进行国际间的比较,促进饭店业的不断发展。

(二)国际饭店业等级制度

目前国际上有数十种饭店等级制,有的是各国政府部门制定,有的是各地饭店协会或相关协会制定。有些国家强制性规定饭店必须参加评定等级,有的则由饭店企业自愿申请参加评定。由于各地区、国家间饭店业发达程度和出发点不同,各种等级制所采用的标准不尽相同,但各地饭店分等定级的依据和内容却十分相似,通常都从饭店的地理位置、周围环境条件、建筑设计布局、内部装潢、设备设施配置、维修保养状况、服务项目、清洁卫生、管理水平、服务水平等方面进行评价确定。

目前国际上采用的饭店等级制度与表示方法大致有以下几种。

1.星级制

星级制是把饭店根据一定的标准分成的等级,分别用星号(★)来表示,以区别其等级的制度。比较流行的是五星级别,星越多,等级越高。这种星级制在世界上,尤其是欧洲大部分国家及部分美国饭店采用此等级,我国现在也是采用五星制。

2.字母表示法

许多国家将饭店的等级用英文字母表示,即 A、B、C、D、E 五级。A 为最高级,E 为最低级。有的虽是五级,却用 A、B、C、D 四个字母表示,最高级用 A1 或特别豪华级来表示。如希腊为 A、B、C、D、E 五级,奥地利为 A1、A、B、C、D 五级,阿根廷为特别豪华、A、B、C、D 五级。

3.数字表示法

用数字表示饭店的等级一般采用最高级用豪华表示,继豪华之后由高到低依次为 1、2、3、4。数字越大,档次越低。如意大利和阿尔及利亚的饭店等级标识为豪华、第一、第二、第三、第四,瑞士饭店则分为 1—5 级。

等级制度的划分是一件十分严肃和重要的事情,一般由国家政府或权威机构作出评定,但不同的国家评定饭店的机构不完全一样。国外比较多的是国家政府部门和饭店企业或旅游业的协会共同评定,也有一些地方由几个国家的饭店协会联合制定统一的标准,共同评定。有些国家强制性地规定饭店必须参加评定等级,有的则由饭店企业自愿申请参加评定。此外,在一些欧美国家,则由汽车协会对住宿设施进行级别评定。

当然,无论用哪种方法评定等级,也无论由谁来评定,必须按照等级划分的有关要求和标准来进行,还要有一套完备的申请、调查、复查与抽查的鉴定程序。定级单位也有权根据规定对已定级的饭店进行降级或除名处理。饭店有权主动要求进行升级的鉴定或取消已定的级别。

(三)我国饭店业星级评定制度

我国饭店业的等级制度采用国际上通行的星级评定制度,以星(★)的多少来标定一个饭店的硬件档次和服务水平,既巧妙地避开了各国语言文字的障碍,又可以使客人一目了然地对饭店有一个全面的了解。因而星级评定制度在饭店业发展过程中被越来越多的国家和地区所采用。

1.我国饭店业星级制度的形成

我国推行饭店星级制度是从 1988 年开始的。自 20 世纪 80 年代以来,随着"对外开放,对内搞活"的方针、政策的贯彻实施,中国旅游业有了较快的发展。为了促进中国旅游业尽快与国际旅游市场接轨,适应大力发展国际旅游业的需要,国家旅游局在世界旅游组织专家的指导和协助下,制定并于 1988 年 8 月 22 日颁发了《中华人民共和国评定旅游涉外饭店星级的规定和标准》,于 1988 年 9 月 1 日开始执行。该规定和标准主要包括旅游涉外饭店星级评定的规定和旅游涉外饭店星级标准两大部分内容。1993 年 9 月 1 日,国家技术监督局正式发布了编号为 GB/T14308—1993 的《旅游涉外饭店星级的划分及评定》的国家标准,于 1993 年 10 月 1

日起执行。《旅游涉外饭店星级的划分及评定》(GB/T14308—1993)是我国服务行业的第一个国家标准。自1993年发布以来,对指导与规范旅游饭店的建设与经营管理,促进我国旅游饭店业与国际旅游市场接轨,发挥了巨大的作用。经过三年多的贯彻执行,为适应我国饭店业发展而带来变化的形势,国家旅游局于1997年发布了编号为GB/T14308—1997的《旅游涉外饭店星级的划分及评定》。进入21世纪,国家旅游局为了适应新的形势,对原标准进行修订,发布了《旅游饭店星级的划分与评定》(GB/T14308—2003),2003版标准与原标准相比有了一些新变化,如规定旅游饭店使用星级的有效期限为5年,取消了星级终身制,增加了预备星级;借鉴一些国家的做法,增设了"白金五星级"。2010年国家旅游局又发布了《旅游饭店星级的划分与评定》(GB/T14308—2010),新标准与GB/T14308—2003相比,主要技术内容变化如下:更加注重饭店核心产品,弱化配套设施;将一至三星级饭店定位为有限服务饭店;突出绿色环保的要求;强化安全管理要求,将应急预案列入各星级的必备条件;增加例外条款,引导特色经营。今后,还将根据形势发展和需要对标准作出适时修改和完善。

2. 我国饭店业星级的评定

根据《旅游饭店星级的划分与评定》(GB/T14308—2010)的国家标准及实施办法,我国旅游饭店等级评定制度主要包括以下几个方面:

(1)星级评定的范围及年限。

饭店开业一年后可申请评定星级,经相应星级评定机构评定后,星级标志使用有效期为3年。3年期满后应进行重新评定。

(2)饭店星级的符号。

星级标志由长城与五角星图案构成,用一颗五角星表示一星级,两颗五角星表示二星级,三颗五角星表示三星级,四颗五角星表示四星级,五颗五角星表示五星级,五颗白金五角星表示白金五星级。

(3)饭店各星级的划分条件。

本部分详细、具体规定了一星级、二星级、三星级、四星级、五星级及白金五星级饭店的具体要求。

(4)星级评定的组织机构。

国家旅游局设全国旅游星级饭店评定委员会(以下简称为"全国星评委")。全国星评委是负责全国星评工作的最高机构。各省、自治区、直辖市旅游局设省级旅游星级饭店评定委员会(简称"省级星评委")。省级星评委报全国星评委备案后,根据全国星评委的授权开展星评和复核工作。副省级城市、地级市(地区、州、盟)旅游局设地区旅游星级饭店评定委员会(简称"地区星评委")。地区星评委在省级星评委的指导下,参照省级星评委的模式组建。

(5)饭店星级评定程序。

申请评定五星级的饭店应在对照《旅游饭店星级的划分及评定》(GB/T14308—2010)充分准备的基础上,按属地原则向地区星评委和省级星评委逐级递交星级申请材料。省级星评委收到饭店申请材料后,应严格按照《旅游饭店星级的划分及评定》(GB/T14308—2010)的要求,于一个月内对申报饭店进行星评工作指导。对符合申报要求的饭店,以省级星评委名义向全国星评委递交推荐报告。

全国星评委在接到省级星评委推荐报告和饭店星级申请材料后,应在一个月内完成审定申请资格、核实申请报告等工作,并对通过资格审查的饭店,在中国旅游网和中国旅游饭店业协会网站上同时公示。对通过五星级资格审查的饭店,全国星评委可根据工作需要安排宾客满意度调查,并形成专业调查报告,作为星评工作的参考意见。全国星评委发出《星级评定检查通知书》,委派 2～3 名国家级星评员,以明察或暗访的形式对申请五星级的饭店进行评定检查。评定检查工作应在 36～48 小时内完成。检查未予通过的饭店,应根据全国星评委反馈的有关意见进行整改。全国星评委待接到饭店整改完成并申请重新检查的报告后,于一个月内再次安排评定检查。检查结束后一个月内,全国星评委应根据检查结果对申请五星级的饭店进行审核。审核的主要内容及材料有:国家级星评员检查报告(须有国家级星评员签名)、星级评定检查反馈会原始记录材料(须有国家级星评员及饭店负责人签名)、依据《旅游饭店星级的划分及评定》(GB/T14308—2010)打分情况(打分总表须有国家级星评员签名)等。对于经审核认定达到标准的饭店,全国星评委应作出批准其为五星级旅游饭店的批复,并授予五星级证书和标志牌。对于经审核认定达不到标准的饭店,全国星评委应作出不批准其为五星级饭店的批复。一星级到四星级饭店的评定程序,各级星评委应严格按照相应职责和权限,参照五星级饭店评定程序执行。一、二、三星级饭店的评定检查工作应在 24 小时内完成,四星级饭店的评定检查工作应在 36 小时内完成。全国星评委保留对一星级到四星级饭店评定结果的否决权。

(6)星级复核及处理制度。

星级复核是星级评定工作的重要组成部分,其目的是督促已取得星级的饭店持续达标,其组织和责任划分完全依照星级评定的责任分工。星级复核为年度复核和三年期满的评定性复核。对复核结果达不到相应标准的星级饭店,相应级别星评委根据情节轻重给予限期整改、取消星级的处理,并公布处理结果。对于取消星级的饭店,应将其星级证书和星级标志牌收回。整改期限原则上不能超过一年。被取消星级的饭店,自取消星级之日起一年后,方可重新申请星级评定。各级星评委对星级饭店作出处理的责任划分依照星级评定的责任分工执行。全国星评委保留对各星级饭店复核结果的最终处理权。

知识拓展 1-3

《旅游饭店星级的划分及评定》(GB/T14308—2010)中星级评定的标准和基本要求

知识拓展 1-4

《旅游饭店星级的划分及评定》(GB/T14308—2010)星级评定程序和执行星级评定程序和执行

第四节 现代饭店集团

一、饭店集团概述

饭店集团是指在本国或世界各地以直接或间接形式控制两座及两座以上饭店的经济体，以相同的店名和店标，统一的经营程序，同样的服务标准和管理风格与水准进行联合经营。

现代饭店集团产生于第二次世界大战以后。当时，国际旅游业迅速发展，在国际饭店业的激烈竞争中，许多饭店相互吞并和转让产权，饭店的企业主认识到单一饭店独立经营的形势难以应付竞争的局势，而联合经营则容易在竞争中获胜。同时，其他行业特别是航空公司以购买饭店股份的方式参与饭店业，并逐步扩大股权，形成对饭店企业的控制。20世纪40年代，美国泛美航空公司率先购买了洲际旅馆的产权，控制了洲际旅馆而打入饭店业，把饭店业的发展推向一个新的高潮。此后，许多饭店以及参与饭店股份的企业为了本身的发展，为了开辟新的市场，纷纷在各地建造饭店，购买饭店产权或以其他形式控制饭店。以美国为首创的饭店集团就此迅速地发展起来。

知识拓展 1 - 5

2015 年全球最大的 50 家酒店集团排行榜

二、饭店集团优势

目前国际饭店集团数量日益增多，规模日益扩大，势力逐渐增强，在国际旅游市场中占有越来越重要的地位。饭店集团的优势主要表现在以下四个方面：

(一)经营管理优势

饭店集团具有较先进和完善的管理系统，能为所属饭店制定统一的经营管理方法和程序，为饭店的硬件设施和服务规定严格的标准，为服务和管理订立统一的操作规程。这些标准和规范被编写成经营手册，帮助所属饭店的经营达到标准，使饭店形象名副其实。由于经营环境不断变化，饭店集团对这些标准和程序经常进行更新改进，以确保经营的先进性，应付新的竞争形势。

饭店集团为所属饭店生产和技术的专业化、部门化提供条件。在食品公司生产和加工、设备维修和改造、布件的洗涤等方面进行集中管理，达到降低饭店经营成本的目的。

饭店集团定期派遣管理人员到所属饭店去检查。他们的主要责任是确保所属饭店达到各项经营标准，对检查过程中发现的饭店经营上的问题、不合格服务等现象提出建议并合法指导。

饭店集团为所属饭店进行员工培训。大的饭店设有自己的培训基地和培训系统。例如，原假日集团在其总部美国的孟菲斯有一所假日大学，希尔顿集团在美国休斯顿大学设立自己的饭店管理专业。饭店集团内部还设有培训部门,负责拟订培训计划,并聘请各类饭店经营专家,如工程技术、装潢、会计、营销、电脑等方面的专门人才,为所属饭店提供在职员工的培训。饭店集团还接受所属饭店派遣的员工到集团的饭店或培训基地实习。

(二)技术方面优势

饭店集团向所属饭店提供技术上的帮助,这些是根据所属饭店的需要并且支付相应费用才提供的。

饭店集团为所属饭店提供集中采购服务。由于饭店集团要求所属饭店实现设备、设施和经营用品标准化、规格化,因而一些大饭店集团下设专门负责饭店物资供应的分公司。其他饭店集团总部也设有采购部门向各饭店提供统一规格和标准的设备和经营用品,如家具、地毯、餐厅和厨房用具、布件、灯具、餐巾、文具、食具等,从而形成比较完善的集团物资供应系统。集中、大批量购买能获得较大的价格折扣,使饭店经营成本降低。

技术上的帮助还包括饭店开发阶段和更新改造所需的可行性研究、建筑设计、装潢等服务。例如假日集团有一个建筑公司,有自己的建筑师和设计方面的专家,可为所属饭店提供技术方面的服务。

(三)资金方面优势

一般说来,饭店集团规模庞大,资本雄厚,具有一定的信誉,为所属饭店筹措资金提供了可信度。一家单一的小饭店不易得到金融机构的信任,参加饭店集团使金融机构对它经营成功的信任度增加而愿意提供贷款。此外,饭店集团还为所属饭店提供金融机构的信息,有的还帮助介绍贷款机构。

(四)市场营销优势

饭店集团一般规模大,经营较成功,因而在国际上享有较高的声誉,在公众中产生深刻的印象。参加饭店集团后能使用饭店集团的名称,集团的店名和店标可出现在所属饭店的大门外或广告、布件、经营用品上,大大宣传了饭店的产品。特别是在拓展国际市场时,一个熟悉的国际饭店集团的名称往往要比不知名的饭店更易使顾客对饭店产品具有信心,更能吸引顾客。

一家单一的饭店通常没有资金大力开展广告宣传,而饭店集团能集合各饭店的资金进行世界范围内的大规模广告宣传,它有能力每年派代表到各地参加旅游交易会、展览会,推销各所属饭店的产品并与旅游经营商直接进行交易。这种联合广告能提高集团所属每一家饭店的知名度。

此外,饭店集团一般都有一个订房系统,有高效率的电脑中心和直拨订房电话为集团中的成员饭店预定客房,并处理集团中各饭店间推荐客源的业务。饭店集团在各地区的销售办公室有一支精明的销售队伍,可在各大市场区为各饭店销售团队和会议业务,并为各饭店及时提供市场信息,这有利于饭店增加客源和开发国际市场。

三、饭店集团经营的形式

世界各地饭店集团连锁经营的形式或结构关系多种多样,归纳起来,通常有以下几类:

(一)拥有形式

拥有形式就是饭店公司拥有并直接经营,即饭店集团同时拥有和经营数家饭店,各饭店所有权都属于同一个饭店集团,同属于一个企业法人,这是最简单的隶属形式。这种结构有利于节省费用,如注册费用,以及经营中的人工费用,因为同一集团中的饭店可以合用一部分采购员、财会员、维修人员等。这一形式的缺点是风险较大,若一家饭店经营失败而资产不足以偿清债务,则集团中其他饭店的资产就得不到保护,有可能会被动用来偿付债务。其次,由于数家饭店属于同一公司,在计算所得税时须将所有饭店的利润加在一起计算,若按递进法计算的话,往往税率较高。

(二)租赁形式

有些饭店集团采取在本国或他国租赁饭店进行管理的方法,使连锁规模不断扩大。被租赁饭店的所有权不属饭店集团,但由于饭店集团对其拥有经营权,因而该饭店便成为饭店集团一员。也有些饭店集团不准备经营自己拥有的某些饭店,便租让给其他饭店公司经营,条件是仍须按照原集团的名称、经营方向和规格来实行连锁经营。上述两种情况中,饭店的所有权和经营权分开,饭店的业主和经营者分别属于两个独立的公司。经营公司只承担经营风险,一旦经营失败,由于饭店大多数固定资产属于业主,可以受到保护,减少了风险。租赁经营的具体形式通常有以下两种:

1. 直接租赁形式

直接租赁是由承租公司使用饭店的建筑物、土地、设备等,负责经营管理,每月交纳定额租金。在租赁时,如只租赁大楼和土地,不包括饭店的设备、家具、用具,那么租借合同必须规定家具和设备的更新改造、大修理费用应由谁负责。这些费用可以由业主公司也可以由承租公司承担,或共同承担,但必须明确规定。由于饭店主要的固定资产属于业主公司,因而在租赁合同中还要规定财产税、火灾保险等固定费用应由哪方负责。一家饭店要经营成功需要一段较长的时间,因而租赁合同要规定租赁的年限,以保护经营公司免于经营成功之际业主将财产收回。

2. 盈利分享租赁形式

在饭店行业中,有许多公司采用分享经营成果的租赁方法,业主企业愿意将租金与营业收入和利润挂钩。以这种形式计算租金,具体计算法有以下几种:

(1)按营业总收入的一定百分比作为租金。

(2)按经营利润的一定百分比作为租金。

(3)按营业总收入和经营利润混合百分比计算,如有的承租公司向业主交纳60％的经营利润和5％的营业总收入作为租金。

一般来说,业主不愿承担经营风险,较喜欢根据营业总收入百分比来计算租金。根据经营利润计算租金对于业主来说会增加不必要的风险,有些饭店地点优越,设施高级,但由于经营公司管理不得力,利润达不到应有的水平而使业主企业遭受损失。因而在协商租金时,业主公司往往要求加上最低租金限额的保障条款。

3. 出售—回租形式

出售—回租式租赁是指企业将饭店产权转让给他方后再将饭店租回继续经营。出于各种不同动机,企业将饭店产权进行出售,有些企业急需大量现金周转;有些企业想减少风险而不愿在经营某饭店的同时拥有这家饭店的产权;也有些企业依靠贷款建造另一公司时如要求继续经营该饭店,双方则签订出售后回租协议,承租经营的公司必须定期向买方交纳租金。对产权的卖方来说,这也是一种筹措资金的方法。这种租赁形式在国际上相当流行。

(三)管理合同形式

有些公司建造或购买了饭店,但缺乏管理经验或者不打算自己经营,于是就聘用饭店集团或管理公司签订管理合同。管理合同形式与租赁形式有某些相同之处,例如,饭店的所有权和经营权分开,收取管理费和收取租金方法相似。但这两种形式的性质不同,在租赁形式中,承租的经营公司在立法上完全独立于业主企业,饭店职工属于经营公司,它必须对职工负责。经营公司还必须承担经营饭店的风险,如果经营亏损,则亏损由经营公司承担。在管理合同关系中,管理公司是饭店业主的代理人,业主应该向职工负责,管理公司是代表业主公司管理企业和职工。

管理合同形式是一种以较小的投资扩展饭店集团连锁经营规模的方法,可使饭店集团不直接投资建设饭店或购买股份就能向世界各地发展饭店网点。

(四)特许经营形式

特许经营权授让是指饭店集团向其他饭店出售、转让经营权。近几年来,饭店业特许经营转让不仅在美国而且在世界各地发展极快。授让的饭店集团必须有强大实力及良好的知名度和声誉,才有可能向其他饭店出售特许经营权。受让饭店即获得特许经营权的饭店可以使用授让企业即饭店集团或公司的名称、标识、经营程序、操作规程、服务标准,并加入该集团预订系统、市场营销,成为该饭店集团的一员。饭店集团有责任在受让饭店建设前的选址、设计、可行性研究、资金筹措以及开业后的经营管理中给予技术上的指导和监督。受让饭店有责任确保企业达到饭店集团所要求的经营标准,包括设备设施的规格及设备维修保养质量、服务项目和服务质量标准等。受让饭店须向饭店集团交纳特许经营权转让费以及使用费。

世界上最为成功的饭店特许经营权授让的公司是假日饭店集团,拥有1600余家特许经营饭店。其他饭店集团如希尔顿、马里奥特、喜来登、华美达等在特许经营权授让领域中也相当活跃和成功。

思考题

1. 如何理解饭店的含义?
2. 分别阐述世界饭店业和我国饭店业的发展历程。
3. 阐述饭店分类的方法及饭店的主要类型。
4. 简述我国饭店业星级评定制度。
5. 什么是饭店管理集团?其有何经营优势及经营形式?

案例分析

案例1:探险酒店

位于智利北部的阿塔卡马沙漠,有一个高档度假酒店。酒店只有52间客房,平均收费659美元/每人/每夜,由"探险"酒店管理经营策略集团经营管理。酒店的卖点在于探险,它的目标市场是探险旅游者。酒店在旅游地为顾客组织了35个探险活动,这些活动包括步行、远足、骑马、登山、攀岩、驾车探险远征等。根据探险游客的平均逗留时间,酒店推出了4天游2636美元的包价项目。该包价包括四个晚上的住宿、四天的所有饮食及探险旅游活动费用,酒类另外收费。为了安全和管理,每项探险活动最多10人参加。每天在晚餐前,有顾客选择决定第二天的活动内容,酒店相应配上导游兼安全员。

在这遥远的沙漠里经营度假酒店,营造一种探险旅游的气氛是非常重要的。针对探险旅游度假者喜欢放松自己、享受宁静的特点,酒店客房内没有配备电视机和影碟播放机,只有卫星天线连接的电话。在阿塔卡马沙漠酒店听到的声音只有鸟鸣和夏天房间内天花板上老式风扇的呼呼声。

厨师长为探险游客准备了清淡、新鲜而可口的菜肴。新鲜的素菜、水果都是随着每天的航班运来的,当然这些成本都计算在昂贵的房价内。

这家只有52间客房的度假酒店,虽然地理位置远在沙漠边缘,日常供应有着诸多不便,但它们的产品、服务和设计的节目,完全符合他们的目标市场即探险旅游者的需求。所以,他们经营很成功,业绩十分理想。

(资料来源:先锋.人和时代·中国. http://www.hotelcis.com)

思考:

1.该酒店具有哪些特征?

2.该酒店为什么会经营成功? 可以给酒店经营管理者提供什么样的启发?

案例2:2017年全国旅游星级饭店评定委员会关于取消五星级旅游饭店资格的公告

2017年第2号文件:为加强对星级饭店服务质量的监督管理工作,国家旅游局监督管理司派遣国家级星评监督员对全国五星级饭店进行暗访检查。2017年2月14日根据暗访报告,按照国家标准《旅游饭店星级的划分与评定》(GB/T14308—2010),经全国旅游星级饭店评定委员会决定,取消上海科雅国际大酒店(原上海正地豪生大酒店,标牌编号:3150062)的五星级旅游饭店资格。

2017年第1号文件:2017年1月11日,经全国旅游星级饭店评定委员会研究决定,取消辽宁省营口港丰大酒店(标牌编号:2150015)、浙江西子宾馆(标牌编号:3350022)、广东省东莞柏宁酒店(标牌编号:4450036)、广东省广州翡翠皇冠假日酒店(标牌编号:4450114)、广东省东莞市长安莲花山庄(标牌编号:4450038)等5家饭店的五星级旅游饭店资格。

(根据国家旅游局官方网站资料整理)

思考:

1.饭店业为什么要实行等级制度?

2.我国饭店业星级评定程序是怎样的?

3.案例中的饭店为何取消相应星级资格?

案例拓展 1-1

上海和平饭店的发展历程

案例拓展 1-2

维也纳酒店集团的扩张

第二章　饭店决策与计划管理

教学要求

掌握饭店决策管理的基本内容和决策的类型；

了解饭店计划编制的前提条件；

掌握饭店各类计划的编制方式；

了解饭店计划的执行和控制。

第一节　饭店决策管理概述

在饭店诸多的管理活动中,决策与计划的关系最为直接。决策是计划的灵魂,而计划是决策的展开和具体化。决策是整个管理工作的前提,计划是为实现决策目标对人力、物力、财力等要素进行筹划和安排。

一、饭店决策管理的基本内容

从管理角度而言,决策是管理工作的核心。美国著名学者、1978 年诺贝尔经济学奖的获得者西蒙提出:管理就是决策。这一论断表明了决策在管理中的地位。事实上,管理和决策是两个不同的概念。西蒙说"管理"就是"决策",其目的是强调决策是管理工作的核心内容,并且决策工作贯穿整个管理过程。管理实际上就是由一连串的决策组成。在任何一项管理工作中,均伴随着决策的身影。

(一)决策是为了在解决问题的基础上实现管理目标

饭店企业在发展过程中总会碰到形形色色的问题,随着经营环境的变化,这些问题会更多、更复杂。现代饭店几乎无一例外都面临饭店改制问题、拓展市场问题、稳定员工问题、建立品牌问题、有序竞争问题、产品开发问题、营销创新问题等。现代饭店管理者在实施各项管理工作时,首先应有强烈的问题意识,认真、及时发现本饭店当前面临的各种问题。在此基础上,再寻求解决问题的各种有效途径。而寻找问题、解决问题的过程就是决策。可以说,问题总是伴随着饭店业务的运行而不断产生,而决策也伴随着问题的产生而动态地发挥其效用。

(二)决策是一个过程而不是瞬间行为

决策的本质是一个择优的过程。饭店企业为了实现既定的管理目标,运用科学的理论和方法,在系统分析环境要素和企业内部管理要素的基础上,提出各种实现目标的可行方案并从中进行选择。有人形象地说,决策就是人在一个岔道口上选择一条通往目的地的捷径。因此,在决策过程中,包含从发现问题、提出问题到解决问题等大量工作。决策是一个管理的过程,不是个人的主观想法、不是企业的短期行为。

(三)决策一般指向比较重大的问题

广义地讲,决策就是作出抉择。由于企业的发展总面临诸多选择,因此,每一个问题的发现和解决过程都是决策。而从管理角度看,决策是饭店管理者的基本工作内容,若事无巨细均由管理者进行拍板选择,必然导致管理者身陷繁杂琐事而无法专心于管理工作。因此,从饭店管理角度看,决策指管理决策,即对重大问题的决策,也即饭店管理者在管理活动中做出的决策。这种决策往往对饭店的经营活动产生比较深远的影响。

知识拓展 2 - 1

万豪:并购为王

(四)决策必须建立在比较的基础上

决策是在几个可供选择的方案中作一个方案选择。选择必须建立在比较的基础上才有意义。若解决问题的方法只有一种选择,则不需要决策。只有比较,才有可能从中找出比较理想的解决方案。

值得注意的是,方案的比较是方案实施预期结果的比较,是综合效益的比较。因此,管理者在作出决策时,必须充分估计各种方案的局限性以及实施过程中的风险性,尤其应结合饭店当前的实际,着重分析各种限制性因素对方案的影响,对各种预期结果作出如实估计,既不盲目乐观,也不过分忧虑,更不能带上个人偏见。

二、饭店决策的类型

(一)按决策性质来分

按决策性质来分,决策可分为常规决策和非常规决策。

常规决策也即程序性决策,指对经常的、反复出现的问题进行决策。如饭店中岗位人员的安排、物资采购、业务周期内容、年度计划的制定等都属于常规决策。管理者在作这类决策时,一般有章可循、有法可依,可根据处理此类问题的例行方法做出决策。

非常规决策也即非程序化决策,指对偶然发生或首次出现的非重复问题进行决策。如饭店的市场决策、新产品决策、资本重组决策、竞争手段决策等都属于此类决策。非常规决策难以预料,因此,这类决策结果的好坏高低主要依赖于管理人员的知识、能力、经验、思路、魄力。饭店发展过程中将会越来越多地遇到这些非常规决策,它是对饭店管理人员管理能力的一种挑战和检验,管理人员的主要精力应放在非常规决策上。

(二)按决策条件来分

按决策条件来分,决策可分为确定型、非确定型和风险型三种类型。

决策总要面临一定的未来环境和自然条件,这些环境和条件是管理者所不能控制的。若环境和条件是确定的,则目标和预期结果一般也是确定的,那么这种决策是确定型决策;若环境和条件不能确定,则目标和预期结果也不确定,带有较大的风险性,则这种抉择是风险性决策。非确定型决策的决策环境和条件介于两者之间。

现代饭店在市场竞争中的不确定因素和条件增多,因此,现代饭店管理者将面对更多的风险型决策。风险型决策效果好坏与决策者的素质密切相关。为提高决策效果,饭店管理人员应强化管理知识、心理承受力、责任心等综合能力和素质的提高。

(三)按决策时间长短来分

按时间长短,决策可分为长期决策、阶段性决策和随机决策。

长期决策指决策作用时间较长,有时甚至贯穿饭店发展的全过程。因此,这一决策时,决策者要对未来环境进行充分估计和科学预测,并认真考虑决策目标的长远性、战略性、可连续性和可分解性,以确保决策工作的完整性和连续性。

阶段性决策的时间跨度往往较短,属短期决策。它一般在某一阶段起作用,为达到阶段目标而进行决策,它一般为长期决策服务,是长期决策的具体化。这一决策时,决策者应考虑决策的实效性。

随机决策是针对某个突发问题而作出的。饭店业务的随机性很大,宾客流动多变,因此,随机决策在饭店运用的机会很多。在这一决策时,决策者应考虑决策方案的对口性,使之瞬时见效。

(四)按决策层次来分

按决策层次来分,可分为高层决策和基层决策。

高层决策带有全局性和整体性,属于战略决策。即这一决策涉及的面较广,且对饭店整体运转将会产生较大、较长久的影响。如饭店改制决策、饭店产品决策、饭店融资决策等均属这一决策。

基层决策多属战术决策,它在决策活动中所占的比重较大,是战略决策工作的延续和指令化。基层决策一般针对某一具体问题,影响时间较短。如宾客投诉处理决策、产品短期促销决策等。

(五)按决策目标数量来分

根据决策目标的数量,决策可分为单目标决策和多目标决策。

顾名思义,单目标决策时锁定的目标只有一个,因此决策目标清晰明了,决策思路单纯集中。单目标决策不是孤立的,它往往是一个更大目标系统中的一个元素。因此,饭店在作此类决策时,应考虑到饭店经营的连续性和整体性这一基本要求。

多目标决策指有两个或两个以上相互关联的目标需要实现,属复杂决策。在多目标决策中,决策者首先应根据各个目标建立目标系统,并处理好各个子目标之间的协同关系、主次关系和矛盾关系。例如饭店管理者在作圣诞节促销决策时,既应考虑饭店总体形象目标和经营目标,又要兼顾餐饮、客房、娱乐等部门的目标,因此这一决策属于典型的多目标决策。

第二节　饭店计划的编制与执行

一、饭店计划的编制

饭店计划是饭店决策的结果,是以文字形式表现的决策。饭店计划的编制过程既是对所制定的决策的组织落实过程,又是对决策更为详细的检查和修订过程。因此,饭店在编制计划时,首先必须准确了解决策的背景资料,并综合考虑饭店的资源和能力。

(一)饭店计划的类型

科学划分计划类型,有助于饭店管理者根据业务的不同内容、性质和范围制订不同的计划,也有利于具体分析和掌握有关计划工作的规律和方法。

1.按表现形式来分

根据表现形式,计划可分为正式计划和非正式计划。正式计划指用文字形式写下每一个时期具体目标以及实现这些目标的基本方法。正式计划已决策结果为核心内容,包含了环境分析、目标确定、方案选择以及计划文件编制等一系列过程,这一过程的结果最终形成计划书。非正式计划一般没有表述完整的书面文件,很少或没有与饭店成员分享目标,有时甚至只是简单地几句口头指令或几个决定结果。

2.按时间跨度来分

根据时间跨度,计划可分为长期计划和短期计划。长期计划时间跨度一般比较长,从战略的高度对饭店三五年内的发展愿景进行理性思考并作出发展安排,它属于纲领性的长远计划。饭店内一些事关全局的工作,往往要以长期计划来完成,包括饭店战略目标的拟定、饭店发展规划、企业文化的培育、资本运营、管理体制的建设生活福利的规划等。短期计划多是一年或一年以下的季度计划、月度计划、阶段性计划等。由于对未来预测能力有限,长期计划一般都比较概括,而短期计划是长期计划的具体化,时间跨度不长,但计划内容拟订得比较详细、清楚,有量化、具体、明确的目标,也有实现目标的具体措施。

知识拓展2-2

希尔顿酒店在中国市场的十年扩张计划

3.按作用性质来分

根据作用性质,计划可分为战略计划和战术计划。战略计划是对饭店经营的长期谋划,是饭店未来命运与发展前景的理性思考。它是一种面向未来、超前的预期性计划,包含的时间跨度长、涉及范围广,计划内容较抽象、概括,计划执行结果往往带有较高的不确定性。战术计划是有关饭店活动具体如何运作的计划,对饭店而言,就是各项业务活动开展的作业计划。战术计划所涉及的时间跨度一般较短,覆盖的范围也较小,因而它一般用来规定饭店经营目标如何实现的具体实施方案和细节。

4.按作用对象来分

根据作用对象来分,计划可分为不同的部门计划。为满足宾客复杂的需求,饭店必须设置不同的部门,通过部门分工向宾客提供服务。为确保各部门工作的异质性,饭店必须针对部门的工作性质,拟订不同的部门计划。部门计划是在饭店总体计划的指导下,结合部门工作性质,拟订本部门在本业务范围内需要完成的各项目标以及达到目标的各项措施和途径。

(二)编制计划的前提条件

编制计划的前提条件即编制计划的基本依据。这些前提条件可从不同的角度进行分类。

1.外部条件和内部条件

外部条件指饭店企业所面临的外部环境系统,它既包括政治、经济、文化、科技、人口等宏观环境条件,也包括饭店各类供应商、中间商、饭店客源构成、饭店市场竞争状况等微观环境条件。内部条件指饭店企业各种内部环境力量,它包括饭店的市场经营观、饭店总体经营目标、饭店管理系统、饭店服务人员、技术人员和管理人员的构成、服务系统和管理模式、经营项目和等级定位、设施设备、规章制度、饭店声誉、综合接待能力、经济合同的签订情况、饭店的经济实力等。在编制计划时,饭店应重点了解国家经济走势、社会资金和金融形势、国家路线方针政策、市场状况等因素。

2.可控条件和不可控条件

在影响计划编制的诸多条件中,有些条件是企业可以或是基本可以控制的,这些条件包括目标市场的选择、服务模式的选择、员工队伍的建设、竞争资本的选择等。而有些条件是企业无法控制的,这些条件包括国家的方针政策、未来的经济发展趋势、社会发展中的不可知因素等。对于可控前提条件,饭店应在计划中制定出具体的控制和改变的措施和策略;对于不可控条件则需要在计划中规定出适应或应变的基本办法。

3.定量条件和定性条件

定量条件指通过调查活动,可以用数字表示的对计划工作具有影响的因素,如客源基本构成、饭店的业务接待容量等;定性条件指那些难以用数字来表示但对饭店产生影响的因素,如消费观念的变化、科技发展趋势、服务模式的转变等。定性条件比较抽象,但它对饭店管理产生的影响不亚于定量条件。饭店在编制计划时应重视这些定性条件,对其进行分析、概括,使之成为计划编制的主要依据之一。

饭店在编制各类计划时,应准确分析上述前提条件对饭店的影响,选择关键性的前提条件作为拟订计划的主要依据,提供多套备选前提条件并以此为依据拟订相应的后备计划,以应付各类突发事件,确保管理的稳定性。

(三)各类计划的具体编制

1.长期计划的编制

如前所述,长期计划对饭店较长时期内的发展作出规划,而未来环境的不确定性因素很多。因此,饭店在编制长期计划时一般采用远粗近细的逐年滚动办法。滚动式编制方法指在规定的时间里,根据内外经营环境的变化、经营决策的变化,在比较计划目标与实际目标的基础上,对长期计划进行检查和调整,并把计划顺序向前推进一段时间。

饭店企业在编制长期计划时,首先应注重对饭店的经营环境尤其是未来的经营环境作出分析和预测,在此基础上确定饭店的长远规划,即饭店在这一时期内计划要实现的目标,并根据目标排列出各项指标,然后根据各指标和计划目标的内在联系,把规划目标、指标系统化,使之成为几个互相排斥的初步计划方案,交由店务会议讨论、选择,最后将选中的方案进行完善、补充、细化,成为最终的第一期长期计划。这一期长期计划实施一年后,比较计划期内的要求与本年实际完成情况,找出其中差异原因,结合环境和决策的变化,拟订第二期长期计划。如此循环反复,保证计划在考虑环境变化的前提下保持较好的连续性。

2.年度综合计划的编制

年度综合计划既有饭店综合的部分,又有各部门的计划。由于它计划期较短,饭店可对这一年的环境变化作出大致估计,因此,年度计划要求编制得较为具体详细。

在编制年度计划时,应本着立足基层、立足一线的基本理念,采取"集中—分散—集中"的方法进行。首先,由饭店高层提出初步的经营决策,并据此拟订初步的计划设想,再将设想发放到各部门征求部门意见。饭店一般在年底召集以拟订年度综合计划为中心内容的店务会议,会议由各部门主要负责人参加,各部门负责人应有本部门报告期的详细材料和计划期的各种相关资料和信息。在会议上,先由总经理提出计划设想,并作详细的解释说明,参加会议的各成员根据总经理的说明和本部门的相关信息,对饭店计划设想中的各项指标进行评议。其次,在评议的基础上确定饭店各项主要计划年度指标,并将指标分解到各部门。分解指标的过程也是落实计划年度经济责任制的过程,各部门应承担起计划期内相应的责任。根据会议决定,各部门按饭店规定的要求和时限具体制订出本部门的年度综合计划以及计划中的综合部分。在此基础上,饭店汇总并审核各部门的计划。如果各部门计划和饭店计划会议决定相一致,就审核通过。在总经理的指导下,根据已掌握的材料着手编制年度综合计划草案,草案中必须包括饭店年度计划的综合部分、各部门的年度计划以及业务进度。最后,计划要交由职工代表大会和董事会的审核才能成为具有"效力"的正式计划。

二、计划的执行

计划的作用在于指导饭店内经营活动的实践,编制计划的目的是为了将此计划付诸行动以达到计划提出的目标。因此,计划管理的关键还在于计划的执行。

(一)组织保障

计划的执行首先要有一个强有力的、高效的管理指挥系统作组织保证,饭店以总经理为首的行政业务指挥系统是执行计划的根本条件。根据组织原则,各部门、各层级按照本身的职责和业务具体领导制订计划,落实并实践计划中的各项任务和指标,按计划要求执行管理职能,开展业务活动。

(二)结合相关制度

为确保计划的执行,还应把计划与责任制度以及分配制度相结合,以充分调动有关人员的积极性。责任制度强调部门和个人的责任,强调实际效果,分配制度讲究按劳分配。把计划与责任制度和分配制度结合起来,就能使计划落到实处。

(三)检查考核

检查是执行计划的重要环节。计划检查就是按时间顺序和进程,对计划的执行、计划指标的完成情况进行分析、比较、评价,保证计划的执行。为保证检查的及时性与准确性,饭店应在建立全面信息反馈系统的基础上,建立信息处理中心和数据库,以此为依据进行检查。一般情况下,计划检查常用的形式如下:

1.饭店店务会议检查

饭店在每次的店务会议上对各部门、全饭店计划的执行情况进行常规检查。在月末的店务会议上要对本月计划执行情况至本月止这一阶段的计划执行情况作一次全面检查并将检查结果通报有关部门和个人。

2.经常性检查

这一检查往往和对经济责任制、岗位责任制的检查、对饭店业务运转的检查控制结合在一起。经常性检查主要通过各种报表、各种业务情况记录等文字表单或电子数据库的检查而展开。

3.突击检查

这种检查一般用于业务情况由于某种原因而发生较大波动而出现一些特殊情况时,或是重要接待任务计划。

三、计划的控制

计划控制是在计划检查的基础上,发现计划的实际执行结果和计划本身的差异,分析其原因,采取相应的措施以实现计划目标。饭店计划控制主要由饭店总经理和部门经理配合实施。这就要求饭店各级管理人员必须对计划指标和计划进度了如指掌,并经常深入一线、深入基层进行走动式管理,准确掌握业务进行的实际情况,把业务控制在计划的轨道里并正常运行。

计划控制的关键在于发现计划执行结果与计划本身的偏差。如果偏差在允许范围内,则不作纠正或采取措施,只分析原因;如果偏差超出允许范围,则在分析偏差产生原因的同时,对计划进行修订,提出纠偏措施调整计划。计划的调整不能任意为之,而须经过店务会议的充分讨论,经店务会议论证后由总经理作出最后的决策。值得注意的是,由于环境变化更为频繁,饭店在修正计划时,应使计划具有弹性和适应性。

思考题

1. 饭店决策管理的基本内容有哪些?
2. 简述饭店决策的类型。
3. 如何保障饭店计划的顺利实施?
4. 以饭店储备人才的培养为例,饭店如何编制长期人才管理计划?

案例分析

塞达斯酒店是一家拥有300间客房的豪华型海滨度假酒店,位于亚得里亚海沿岸比较偏远的地区。多年来,它一直以豪华的设施和优质的服务而享有盛誉,企业内部从管理层到服务员素质都相当高。它的员工从二战后创业以来就一直与它同呼吸、共患难,他们认为公司为他们考虑得非常周到,因此都对它怀有一颗赤诚之心和高度的责任感。所以公司的人员变动一直就不大,尤其是与同行业的其他企业相比。

最近几年来,这些工作多年的员工们开始陆陆续续进入退休年龄,而这个小镇的劳务市场也开始萎缩,越来越多的人开始到大城市里找工作。结果,那些即将退休的员工逐渐被一些外地的年轻人取代,而这些人却常常要赶好几英里的路来上班。

这几年虽然塞达斯酒店对其建筑和地基一直进行修缮,食物、房间用品、娱乐设施等都尽力维持优良,但其服务质量已经开始下降,一些长年的老客户已经不再光顾,酒店的声誉也日渐衰落。总经理曾多次召开高层管理人员会议商讨对策,大家一致认为企业的管理机制已经失灵,监督部门必须对基层雇员施展权威。他们认为这些新来的年轻雇员缺乏责任心,惰性强,不尊重权威。而这些新人则抱怨他们有些想法很现代,会对酒店很有帮助,可就是没人听。

9个月前,新来了一位总经理替下了曾经在酒店工作长达11年的前任总经理。股东们充满着希望,认为这位新经理会扭转酒店的乾坤,但是营业旺季已经过去了,仍不见任何起色。股东们与总经理召开全体职员大会,打算商讨出一套能使酒店走向正轨的行动方针。

(材料来源:https://wenku.baidu.com/view/b7657624caaedd3382c4d32f.html? from＝search.)

思考:

1.塞达斯酒店出了什么问题?

2.总经理应该集中力量解决什么问题?

3.请你制订一个行动方案帮助总经理走出困境。

第三章 饭店组织管理

掌握饭店组织管理的内容及原则；

掌握饭店组织的结构形式；

了解饭店组织制度；

掌握对饭店非正式组织的管理。

第一节 饭店组织管理概述

一、饭店组织与饭店组织管理

(一)饭店组织

饭店组织是指为达到饭店共同目的在时间、空间上协调人们劳动分工、协作和有效决策的有机体。它是由权责的分配和层级结构的建立而形成的,并随着环境的变化而自行调整、适应和发展。在有些管理学著作中把组织的含义简化为"组织就是人们为达到共同的目的而使全体参加者分工协作的形式,它包括组织结构和管理制度两个方面的内容"。

(二)饭店组织管理

饭店组织管理就是通过运用各种管理方法和操作技术,发挥饭店组织中各种人员的作用,把投入饭店的有限资金、物资和信息资源转化为可供出售的饭店产品(有形的或无形的),以达到饭店经营的目的。

饭店组织管理包括以下四项内容:

(1)根据饭店实际情况,进行部门机构的设置和权力层次的划分;

(2)做好饭店各级、各类人员的配备;

(3)确定饭店各部门及各类人员的权力和职责范围,明确其中的隶属关系,权责关系和协调关系,形成饭店的指挥和工作体系;

(4)制定一系列以保证饭店组织正常运转的规章制度,使饭店组织的效能得到最大发挥。

二、饭店组织设计原则

饭店是劳动密集型企业,人员众多,工种各异,管理过程精细复杂,加上产品又以服务为主,如果没有一个相应的、严密的、科学合理的机构设置,管理目标是不可能实现的。因此,饭店在进行组织设计时应遵循下列原则。

(一)适合饭店经营原则

饭店的组织结构形式必须是为饭店的经营服务的,因此,管理工作者在进行组织设计时必须从饭店的经营特点及本饭店的实际出发,根据饭店业务运转的需要确定饭店的组织结构和管理机构。

饭店哪些部门必须设置,哪些部门可以不设,完全要根据饭店的经营对象、规模、档次等具体情况来决定,应"因事设机构,按需设机构"。例如小型饭店可以把前厅部和客房部合设一起称房务部,而大型饭店则应各自单独成立部门;重视员工培训的高档饭店可以将培训部独立出来成为与人事部平行的部门,而低档饭店则没有必要如此。设置某个管理机构或管理部门必须明确其功能和作用,任务和内容,工作量是否充分,以及和其他机构的关系等。

管理机构设置后就要配备相应的管理人员。在管理人员的配备上,同样要因事设职,而不能因人设职。从层次上讲,大型饭店可以在副总经理和部门经理中间再设总监一层以加大管理力度,中小型饭店则可不设总监,甚至在部门经理以下还可不设主管;从人员上来讲,部门经理及其以下职位一般是一职一人,原则上不设副职,每一职位都必须有明确的职责权限和实际工作内容。

(二)专业化分工协作原则

专业化分工就是将一个复杂的工作分解成诸多较简单的环节,把细分出来的环节分配给一些具体的个人去操作。如将前台接待工作分解为迎宾、行李、分房、询问、收银等环节,将餐饮服务分解为迎宾、领位、点菜、传菜、上菜、酒水服务、收银等环节,再具体落实到个人。这样分工有利于明确责任、提高服务效率。但是,分工要适度,不能过于精细、简单,否则不仅会导致工作的简单乏味,还容易形成机构臃肿、人浮于事,导致成本增加、工作效率下降。

饭店产品是整体产品,因此,在强调专业化分工的同时还必须加强分工之后的相互协作工作。经验表明,高度专业化分工往往会导致协作困难。而协作不好,分工再合理也难以取得良好的整体效益。为了保证工作的有效性,饭店通常将加强协作作为各工种必须履行的职责,纳入规范化管理的轨道。

(三)统一指挥原则

统一指挥原则是指饭店从最高管理层到最低管理层所发布的指令精神应保持一致,每个管理层发布的命令要与最高决策或上一层次的决策保持一致,各种指令之间不应发生矛盾和冲突。再就是,饭店的任何指令不论要通过多少层次,都应该是发布命令者向直属的下级层次发布指令,实行逐级指挥而不能越级指挥。如果发生越级指挥就会架空中间层,导致等级链发生断裂,组织系统发生混乱。这就是说,饭店的每个员工只有一个顶头上司,只听命于这个直接上司,而对其他的命令可以不予理会,除非是特殊的或是"例外"的情况下,否则多头指挥将会使受命者无所适从。

统一指挥原则是组织工作中一条重要的原则。组织内部分工越细、越深入,统一指挥原则对于保证组织目标的实现的作用越重要。只有实行这条原则,才能防止"多头领导",避免遇事互相扯皮、推诿,才能保证有效地统一和协调各方面的能力、各部门的活动。

在统一指挥的原则下,要分清命令与监督的界限。管理人员虽不可越级指挥,但可以对各级人员进行监督。因此,员工在作业和其他时间里,会得到一些非直接上司的指令性信息,这种信息的出现可能有两种情况:一是业务联系的指令,如餐饮部给各餐厅的指令或总台给各部门的接待通知等;另一种是监督性指令,如总经理或部门经理在进行质量检查时,对出现偏差的各种情况发出立即纠正的指令。对受命者而言,尽管这两条指令均非来自直接上级,但都应该执行。如果监督性指令与直接上级的指令发生矛盾时,那么唯一的选择是执行直接上级的指令。

(四)集权与分权相结合原则

集权是指决策权在饭店组织系统中较高层次上一定程度上的集中;与此相应,分权是指决策权在饭店组织系统中较低管理层次上一定程度上的分散。权力是组织中一种无形的力量。在饭店组织设计中,权力的分配是一项重要内容,集权和分权具有辩证和统一的关系。集权是大生产的客观要求,它有利于保证组织的统一领导和指挥,有利于饭店人、财、物的分配和使用;分权则是调动员工工作积极性和主动性的必要组织条件,同时也有利于上层领导摆脱日常事务、集中精力处理大事情。但是,在饭店组织中,绝对的集权或绝对的分权又都是不可能的。如果高层管理者把他所拥有的职权全部委派给下属,那他作为管理者的身份就不复存在,组织也将不复存在;但如果高层管理者把权力都集中在自己手里,这样则意味着他没有下属,这样的组织也不可能存在。那么权力的集中与分散应到何等程度呢?

一个组织的权力集中到何等程度,应以下属的工作积极性、主动性是否得到充分发挥为度;而权力分散到什么程度,则应以上级不失去有效控制为限。因此,分散的程度并非完全取决于上级对下属是否信任、上级领导作风是否民主或下属是否能干,它更多意义上与组织控制的程度有关。

另外,在分权的过程当中必须强调权责对等,并制定相应的制度。权力是责任的基础;责任是权利的约束。在饭店组织中,若管理者权力大于责任将会助长瞎指挥和滥用职权的不良习气;反过来,若承担责任而没有相应的权力作保障,工作则无法顺利进行。

(五)跨度原则

管理跨度的概念是由英国人汉密尔顿提出的。管理跨度也称管理宽度、管理幅度,是指一个管理者能够直接地、有效地指挥控制下属的人员数目。一名管理人员对下级来说,要负责下达指令、协调关系、检查执行指令的情况,还要激励下属等。因此,一名管理人员能够有效地领导下属人员的数量是有限度的,如果下属人员过多,管理人员的精力、知识、时间等就会不足,无法进行有效控制;如果下属人员过少,不仅要增加管理层次和管理职位,还会影响下属的积极性和创造精神。探求适宜的管理跨度,是组织管理中要研究的重要问题之一。一般情况下,一位管理者直接有效地管理下级人员的数量以3~6人为宜。

当然,跨度大小的影响因素也是很多的,主要有:①层次因素。上层的管理跨度可小些,而下层管理人员和基层服务人员容易沟通和处理关系,跨度可以大些,可以大到12~30人。②作业形式因素。作业人员集中且在一个共同空间作业,跨度就可大些;反之,跨度就应小些。③能力因素。如果管理人员的管理能力较强、表达能力强,且办事果断、决策迅速,管理跨度可大些;反之,则应小些。同样,如果下属人员具备符合要求的能力,知识和经验都很丰富,技能水平也很高,不需要上级对其进行很多的业务指导,则可以增加上级的管理跨度;反之,则应减少些。

当一个组织的人数确定后,由于有效管理跨度的限制,就必须增加管理层次,管理跨度与管理层次呈反比。当管理跨度较小,而管理层次较多时,饭店组织结构就趋向直线式结构,反之,如果管理跨度较大,而管理层次较少,则饭店组织结构就趋向于扁平式结构。

总之,跨度原则为我们在设计组织结构时提供了理论依据,而在实际设置机构时,一定要根据实际情况,灵活运用这一原则,使跨度能对管理起到积极的作用。

知识拓展 3－1

扁平化组织结构

第二节 饭店组织结构形式

饭店组织结构是饭店内部为了有效实现饭店目标而筹划建立的饭店内部各组成部分及其关系。如果把饭店视为一个生物有机体,那么组织结构就是这个有机体的骨骼。因此,饭店组织结构形式是否适应饭店经营管理的要求,对饭店的生存和发展有很大的影响。我国现代饭店中经常采用的组织结构形式有以下几种。

一、直线制

直线制是最早出现的一种简单的组织结构形式,又称军队式结构或单线制(见图 3－1)。其特点是从饭店最高层到最低层按自上而下建立起来的垂直系统进行管理,一个下属部门只能接受一个上级部门的命令,上下形成一个垂直管理系统,不存在管理的职能分工。

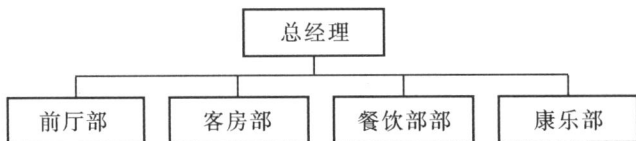

```
                    总经理
         ┌──────┬──────┬──────┐
       前厅部   客房部  餐饮部部  康乐部
```

图 3－1 直线制组织结构图

直线制组织结构的优点是:结构比较简单,权力集中,职权和职责分明,指挥与命令统一,人员少,费用低,信息沟通简捷方便,工作效率高。不过这种组织结构也存在一定的缺陷:缺乏合理化分工,不利于横向的协调与联系,没有职能机构作为助手,容易使领导者产生忙乱现象。因此,直线制的组织结构形式只适合于饭店规模不大,职工人数不多,业务单纯的小型饭店。

就权力分布而言,直线制是权力高度集中的组织结构形式。

二、直线—职能制

直线—职能制是目前我国饭店普遍采用的组织结构形式,这种组织结构形式吸收了"直线制"控制严密的长处和"职能制"充分发挥专业人员作用的长处,兼有这两种组织结构形式的优点。所谓"职能制"就是由总经理领导各职能部门,职能部门在本部门的职权范围内又分别领导业务部门的有关人员的组织形式,其结构形式如图 3－2 所示。职能制组织结构最大的优点是实行了专业化的分工,但这种结构容易形成多头领导,易于造成管理的混乱。

直线—职能制的组织结构形式如图 3－3 所示。在上下层之间,用直线连接的表示有直接的管理关系,若无直线连接,即使层次较高,也无直接的管理权。

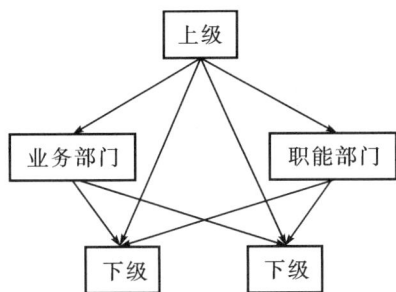

图 3-2　职能制组织结构图

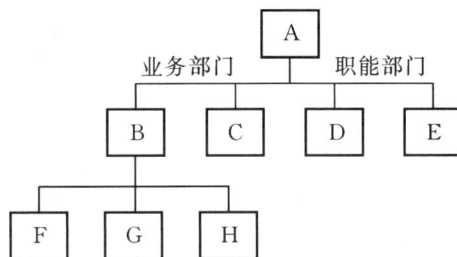

图 3-3　直线-职能制组织结构图

在直线—职能制的组织结构形式下,饭店的各部门分为业务部门和职能部门两大类。业务部门可以独立存在并有自身特定的业务内容,是饭店的直接对客服务和创利部门。如饭店的前厅部、客房部、餐饮部、康乐部等均属业务部门。业务部门按等级链的原则进行组织,形成垂直系统,实行直线指挥。职能部门按专业化原则组织,不直接参与饭店一线的经营和接待活动,而是为业务部门服务,执行自身某种管理职能。如饭店的人力资源部、财务部、保安部等均属职能部门。职能部门执行专业管理职能,发挥职能机构的专业管理作用,成为饭店最高管理层的参谋和助手。但职能部门不能对业务部门及其下属部门进行业务指挥。职能部门拟订的计划、方案、制度等应交总经理批准后发布,由各部门经理对其属下的部门下达执行命令,目的是既要使职能部门有效地发挥管理职能的作用,同时避免多头领导、多头指挥的现象。

虽然直线—职能制是在综合直线制和职能制各自优点的基础上形成的,但不能不看到这种组织结构的缺点。它的缺点主要表现在以下几个方面:

(1)属于典型的"集权式"结构,权力集中于最高管理层,下级缺乏必要的自主权。

(2)各职能部门之间的横向联系较差,容易产生脱节和矛盾。

(3)直线—职能制组织结构建立在高度的"职权分裂"基础上,各职能部门与直线部门之间如果目标不统一,则容易产生矛盾。特别是对于需要多部门合作的事项,往往难以确定责任的归属。

(4)信息传递路线较长,反馈较慢,难以适应环境的迅速变化。

所以,这种组织结构形式对中、小型饭店比较适宜,对于大型饭店和饭店管理集团则不太适用。

三、事业部制

所谓事业部制结构,就是在一个饭店内部对具有独立的产品和市场、独立的责任和利益的部门实行分权管理的一种组织形态。事业部制结构是在一个大型的多样化经营的饭店企业中,针对直线—职能制结构的局限性所作出的一种反应,因此,它适用于一些大型饭店、饭店管理集团的组织结构形式,其特点是突出分权管理。其结构形式如图3-4所示。

饭店集团按地区、产品、市场等因素,成立若干个事业总部,每个事业总部即为一个饭店或集团拥有的其他产业。事业部是一些相互联系的单位的集合,具有以下三个特征:

(1)具有独立的饭店产品和市场,是产品责任或市场责任单位。

(2)具有独立的利益,实行独立核算,是一个利益责任单位。

(3)是一个分权单位,具有足够的权力,能自主经营。

事业部制使组织最高管理层摆脱了具体日常管理事务,有利于集中精力做好战略决策和

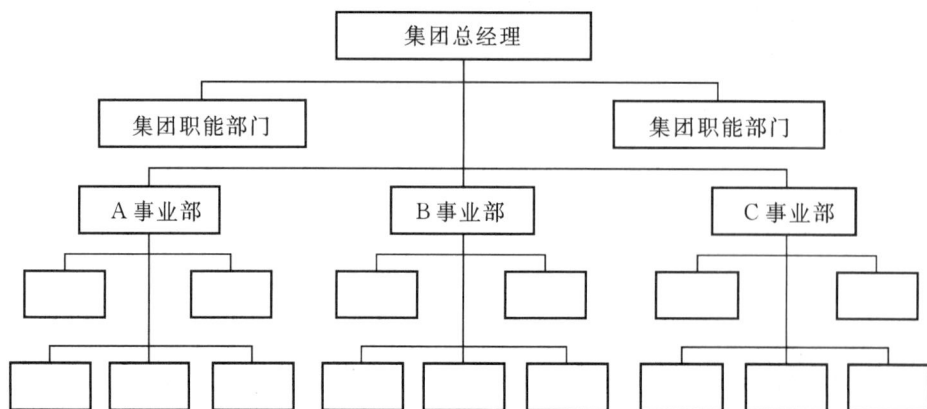

图 3-4 事业部制组织结构图

长远规划,提高组织的灵活性和适应性;同时事业部制也有助于培养和训练全面的管理人才。这是事业部制的优越之处。

事业部制存在的缺陷是:由于机构重复,造成了管理人员的浪费;由于各个事业部独立经营,协调各事业部横向联系的难度较大;各事业部主管人员考虑问题往往从本部门出发,而忽视整个组织的利益。

为克服以上不足,20 世纪 70 年代在美国和日本的一些大公司又出现了一种超事业部制结构。它在组织最高管理层和各个事业部之间增加了一级管理机构,负责统辖和协调各个事业部的活动——如研究与开发,使领导方式在分权的基础上又适当集中,从而进一步增强了组织活动的灵活性和效率性。

饭店的结构形式各异,都有其利弊。采用何种形式应视饭店具体情况而定。总之,组织结构的选取应有利于饭店的经营管理,有利于提高饭店的工作效率,能使饭店组织发挥出最大的效能。

第三节 饭店组织制度

饭店组织是一个复杂的系统,为了保证这个系统的正常运转,发挥出组织的最大效能,就必须有一套严格的规章制度,这是实现饭店经营管理目标的前提和保证。饭店制度是饭店为了保证能够正常运转,并能取得有效成果而制定的,并要求每位员工共同遵守的具体规定。制度是以条文的形式表达的,它是饭店员工的内部法规。饭店要经常对员工进行制度教育,灌输制度观念并利用业务指挥系统坚决执行制度,同时还要经常听取群众意见,及时纠正不合理制度,改进和完善合理的制度。饭店制度对每个饭店来讲都是绝对必要的,制度本身就是饭店管理的重要内容。饭店基本制度主要有:

一、总经理负责制

总经理负责制明确总经理既是饭店经营负责人,又是饭店法人代表。饭店要建立以总经理为首的经营管理系统,总经理在饭店中处于中心地位。总经理对饭店具有经营决策权,负责饭店重大问题的决策;具有人事权,有任免中层管理人员及确定人数的权利;具有指挥权和对各种资源的调配权;具有财务权,决定饭店资金分配、投资等重大事项,监督资金的使用情况;行使奖惩权等。

总经理在行使权力的同时,必须承担相应的责任。总经理的责任主要有:建立饭店组织结构;贯彻执行党和国家的方针、政策;全面负责饭店的经营与管理;保证饭店服务质量符合等级标准和有关规定;遵守国家一切法律和有关税收、财务管理等法规;对饭店的经济效益负责;对饭店承担的社会责任负责;对饭店全体员工的合法权益和民主权利负责;对饭店的资金和财产负责。

知识拓展 3-2

饭店总经理岗位职责

二、职工代表大会制

职工代表大会制是饭店职工民主管理的基本形式。职工代表大会具有管理、监督和审议三方面的权力。具体权力如下:

(1)听取和审议总经理工作报告。

(2)审议饭店的发展规划、经营计划与财务预算。

(3)审议有关经营管理的重大决策。

(4)审议饭店各项资金的使用、福利等有关全体员工切身利益的问题。

(5)监督饭店各级管理人员,对不称职或严重违纪的管理人员提出撤换意见。

职工代表大会必须定期召开,才能真正发挥其作用,不能流于形式。真正行使职工代表大会赋予的监督权力,可以增强饭店员工的主人翁责任感,有助于解决管理者与员工之间的矛盾,增强集体凝聚力,不断提高服务品质。所以,在实行职工代表大会制时,要正确处理好民主和集中、自由和纪律以及权利与责任之间的关系。

三、经济责任制度

在饭店内部实行经济责任制可以增强饭店的经济活力,提高饭店员工的工作责任心,充分发挥他们的工作积极性、主动性和创造性。

饭店的经济责任制包括饭店对国家的经济责任制和饭店内部的经济责任制两方面的内容。

(一)饭店对国家的经济责任制

饭店的经营活动和社会相关系,饭店对国家负有一定的经济责任。饭店应遵守国家的法律、政策、规定,以正常的经营手段取得经济效益,依法向国家上缴税金。

(二)饭店内部的经济责任制

饭店内部的经济责任制是以饭店的双重效益为中心,按照责、权、利相结合的原则,把饭店所应承担的经济责任加以分解,层层落实到部门、班组、个人。

饭店内部经济责任制是以责为中心,责权相结合的管理方式。其管理基本原则是:"确定指标,保证上缴,超收多留,欠收自补。"

经济责任制在利益分配上根据各部门和个人创造效益的多少、贡献的大小实行按劳分配。其分配形式主要如下:

1.记分记奖制

记分记奖制即将部分指标体系分解到部门、班组、个人,按其完成情况量化为值(基本分、奖励分、服务质量分),按分计酬计奖。

2.浮动工资制

浮动工资制即以员工工资标准为基数,实行全部或部分浮动,使报酬的多少按员工的劳动态度、贡献的大小、效果的好坏而浮动。报酬分三部分:基础工资固定部分、浮动部分及奖金;完成计划指标得到前两部分报酬;超额完成则再得到后一部分报酬。

3.提成工资制

提成工资制是把报酬和利润结合起来。完成利润指标,得到工资和奖金;超额完成指标,则按一定比例留取提成。

4.其他形式

(1)以经济效益为基础,承包计奖。

(2)租赁承包,自负盈亏,按时交纳一定的承包费和租赁费。

(3)抵押承包,以承包者个人或协同承包者集体的财产抵押取得经营权。按时交纳承包费,同样盈亏自负。

在执行经济责任制中,必须实行严格的检查考核。考核内容中的数量指标和质量指标都要明确具体、操作性强,还要建立考核体系。只有通过严格、准确、公平的考核,各部门及个人的责、权、利才能真正结合起来,经济责任制的实施才会有意义,才能起到真正的作用。

四、岗位责任制

岗位责任制是饭店按照工作岗位的具体要求对岗位及人员的职责、作业标准、权限等制定的一种责任制度。它是饭店员工的工作守则,也是工作和服务程序指南及各项业务检查标准的依据。

饭店岗位责任制的建立要在饭店组织机构设置和作业研究的基础上进行岗位设置。首先,应具体准确地规定岗位的数量、名称、职责范围;其次,要核定各岗位的工作量、服务程序和服务标准,明确负责此项工作和服务应具备的技能和知识;最后,要明确规章制度、奖惩条例。另外,还要明确各部门之间的协调关系,并由最高领导层的管理人员监督实施。

知识拓展 3-3

某五星级酒店岗位责任制(楼层领班)

五、员工手册

员工手册是饭店的"基本法",它规定了饭店每个员工所拥有的权利和义务,应该遵守的纪律和规章制度,以及可以享受的待遇。员工手册一般包括如下内容:

1.序言

由董事长或总经理代表饭店当局对员工的加入表示欢迎,对他们的工作提出希望等,目的是使每位员工能有一种归属感,能尽快进入角色成为酒店的一名工作人员。

2.酒店简介

介绍饭店的性质、规模、档次、设施情况和特色等,提出饭店的企业文化、管理理念、经营宗旨等,使饭店员工对饭店产生信心。

3.组织管理

描述饭店的组织结构、组织形式、饭店的组织原则、饭店的管理体制和管理人员的聘任。

4.劳动条例

明确有关饭店员工的性质类别、工作时间、加班规定及报酬支付方式、招聘、录用、培训、晋升、离职、辞退、工资待遇及有关劳动人事其他方面的管理规定。

5.员工福利

规定饭店员工的病事假、年假、法定假和其他请假制度,规定员工购买养老保险、医疗保险和失业保险制度,以及员工发展培训、员工津贴,员工的衣、食、住、行、生、老、病、死、娱、卫等方面的福利内容。

6.店纪店规

店纪店规包括员工的奖励和惩处的有关条例,以及员工所必须遵守的制度(劳动纪律、考勤制度、安全检查、员工餐厅、宿舍管理、仪容仪表要求、个人卫生标准等)和违纪处分等一系列的条款。

7.安全守则

提出在饭店万一发生各种意外时,员工必须遵守和执行的条款及应尽的义务和责任。

8.其他

根据饭店的具体情况提出其他一些有关内容。

9.签署人

这是员工手册最后向每位员工提出的要求。每位员工在学习并认可员工手册所提出的各项条款后,必须签名,交人事部门备案,以便将来对照实施。

第四节　饭店非正式组织

美国行为科学家梅奥等人在进行了著名的霍桑实验之后提出"企业中除了存在着古典管理理论所研究的为了实现企业目标而明确规定各成员相互关系和职责范围的正式组织之外,还存在着非正式组织"。

一、饭店非正式组织的概念

饭店非正式组织是指为了满足员工的需要而不是为了满足饭店的需要而产生的团体。非正式组织的形成,或由于工作性质相近、社会地位相当、对一些具体问题的看法基本一致,或由于有共同的兴趣和爱好,或由于有共同的家庭背景,或由于都来自某一地区等。饭店非正式组织是组织成员自发形成的,没有明确的组织目标,也没有正式的组织结构。非正式组织中的领导往往是由于他在某一方面有着超群的才华或能力,才被有某些共同利益或兴趣的群体推举出来的,在非正式组织中具有较大的影响力。非正式组织内的成员没有明确的等级关系,组织中成员的个人行为受自发形成的各种行为规范的约束,其行业规范可能与正式组织相一致,也可能相抵触。

饭店非正式组织是伴随着正式组织的运转而形成的。非正式组织虽然不能发挥饭店的组织管理职能,但它们对饭店各项管理工作可能带来影响,饭店组织机构不可不予以关注。

二、非正式组织的影响作用

在饭店中,非正式组织的存在是不可避免的,尤其是在下述情况下更容易产生:①正式组织的目标与员工的基本需求不相一致;②正式组织不能有效地达到目标;③正式组织缺乏合理的领导机构。行为科学家认为,非正式组织的存在,对于人的行为有特殊的影响力。它对正式组织的影响作用既有积极的一面,也有消极的一面。

其积极作用表现为:

(1)满足员工心理需要的作用。非正式组织是以感情为基础自发形成的,员工愿意成为非正式组织的一员,是因为这类组织可以给他们带来某些心理需要的满足。比如,工作中频繁的接触以及由此产生的友谊,可以帮助他们消除孤独的感觉,满足他们"被爱"的需要;从属于某个非正式组织这个事实本身,可以满足员工"归属感""安全感"的需要等。心理需要能否得到满足,对于员工在工作的情绪和工作的效率有着非常重要的影响。

(2)增进信息沟通的作用。正式组织内部的沟通渠道常常是有限的,且容易受其权力结构的影响,经非正式组织实现的沟通可以成为正式组织沟通的补充。如管理者对饭店的某项计划的实施还没有确定时,可通过非正式的渠道透露信息,了解员工对该项计划的反映。非正式组织对信息的传递速度较快,反映比较客观,不会因为害怕权威而改变自己的观点,这样有利于上层领导了解组织内各部门的真实情况,可以获得许多在正式组织内无法获得的情报、信息。

(3)促进组织稳定的作用。在一般情况下,非正式组织也会形成自己的规范,如果成员不遵守这些规范,非正式组织成员就不会赞同他,会疏远他或拒绝他,以群体本身的吸引力来促进成员的服从。因此,非正式组织具有控制成员顺从的力量,因而可以获得组织的稳定和发展。

非正式组织的消极作用通常表现在:

(1)影响工作效率提高。如果非正式组织的目标同正式组织的目标发生冲突,它就会成为正式组织目标实现的障碍,它能够降低其内部成员对正式组织目标的认同感,影响他们工作的积极性和责任感。

(2)束缚员工的个人发展。组织中有些人虽然有过人的才华和能力,但非正式组织一致性的要求可能不允许他冒尖,从而使个人才智不能得到充分发挥。

（3）抵制正式组织的变革。这并不是因为所有非正式组织的成员都不希望改革,而是因为其中大部分人害怕变革会改变非正式组织赖以生存的正式组织的结构,从而威胁非正式组织的存在。

非正式组织是一个不以人们意志为转移的客观存在,其消极作用是难以禁止和取消的。由于非正式组织具有许多有利于正式组织的积极作用,正式组织的领导人就应该充分利用非正式组织,以达到实现正式组织目标的目的。

三、对非正式组织的管理

(一)正视并承认非正式组织的存在

非正式组织是饭店中普遍存在的现象,存在就有其合理性,至少它提供了一个让员工的社交需求得到满足的场所。非正式组织一旦形成,成员只能去接受它的存在,因为管理者越是采取排斥态度,非正式组织的成员就越容易产生逆反心理或者是对抗行为,非正式组织的内聚力也就越强,对整个管理系统的干扰也就越大。

(二)向组织需要的方向引导非正式组织

非正式组织存在于饭店中,能给饭店管理带来一定的积极作用,但同时也能起负面的影响。因此,饭店管理工作者应对非正式组织进行疏导,把他们的精力和能量引导到工作上来,让他们跟其他员工一样,也能关心和参与饭店的管理工作,管理者还应及时肯定他们的工作成果,使非正式组织逐步纳入到整个管理系统中来,为正式组织目标的实现起到积极的作用。

思考题

1. 什么是饭店组织管理?
2. 阐述饭店组织机构设置的原则。
3. 我国常见的饭店组织结构形式有哪些? 其各自的优缺点分别是什么?
4. 饭店常见的组织制度有哪些?
5. 什么是非正式组织? 要怎样看待饭店中的非正式组织?

案例分析

案例 1：小张的困惑

小张是 A 五星级商务酒店的餐厅服务员。某日,该酒店接待了一个非常重要的大型国际会议。小张的领班孙某在晚餐之前进行了详细的接待计划安排,把原来从事就餐服务的小张安排与小王合作,在餐厅入口处做领座员,当时餐饮总监也在现场作指导。可是就在用餐高峰期,餐饮总监发现某包厢准备还不到位,于是临时让小张去该包厢做好卫生及相关准备工作。可当小张准备完包厢回到餐厅入口处时,客流量已经很大,小王一人无法应付,导致有少许客人不满。

领班对小张擅自离开岗位给予了严厉的批评,并称事后将追究相应责任。而小张却一肚子的冤枉,明明自己是被餐饮总监临时调用,并非擅自离岗,对领班的批评觉得非常委屈。

思考:

1. 你能帮助小张解开困惑吗?
2. 你觉得在这次事件中,餐饮总监和领班谁对谁错? 小张是否应该执行餐饮总监的临时调用？为什么？

案例 2：总经理该如何决定

A 酒店是中外合资的一家四星级大酒店，有 1200 个床位和 800 个餐位，某国财团控股 51%，设置机构与国内的星级酒店有很大的差别，在开业后不久，中方代表、员工对酒店的组织构意见很大，主要有三点：一是酒店应该设工会组织；二是酒店营销部的人员太多，达 65 人；三是质量监督部权力太大，有许多职能与酒店其他部门重叠。西方总经理在了解了这些意见后，作出了决定……

思考：

你认为总经理的决定可能是什么？并说出你的理由。

案例拓展 3-1

吴总的悲哀下场

案例拓展 3-2

从金字塔到扁平结构

案例拓展 3-3

收银划归何部门

第四章 饭店服务质量管理

教学要求

掌握饭店服务和服务质量的内涵；

理解饭店服务模式及发展趋势；

熟悉饭店服务质量的构成与特点；

掌握现代饭店服务质量管理的有效方法。

第一节 饭店服务基本内涵

一、饭店服务的含义

饭店服务是指饭店员工以设施设备为基础，以一定的操作活动为内容，以客人的需求为目标，同时倾注员工的感情而形成的行为效用的总和。饭店服务的含义包含如下要点：

(1)饭店服务必须依托于饭店的有形设施；

(2)了解宾客的需要是搞好饭店服务的前提；

(3)饭店服务不仅包括饭店与宾客接触的活动，而且包括饭店内部活动的结果；

(4)服务是饭店产品的核心；

(5)饭店优质服务是一种特殊的商品，具有使用价值和价值。

知识拓展 4-1

饭店服务的国际含义

二、饭店服务模式与发展趋势

(一)饭店服务模式

1.无差异性服务和差异性服务

无差异性服务是对所有客人提供的统一的服务模式，比如主动、热情、耐心的服务。

差异性服务是对个别客人提供的非标准化服务模式，比如西方客人不喜欢有带数字3和13房号的客房。

2.全方位服务与超值服务

全方位服务是饭店在自身服务项目的基础上,再根据客人的口头或书面要求提供额外服务的一种模式,这种模式不具有服务的主动性。如饭店提供婚宴服务,则根据自身条件从各方面给予满足客人要求,而这种服务往往不具有主动性。

超值服务是饭店在给客人提供硬件设施、软件服务的基础上,用超出常规的方式满足客人偶然的、个别的、特殊的需求,达到锦上添花的效果。比如饭店金钥匙常能够给客人提供超乎其想象的服务,而皇金管家则会根据我国古代皇室标准来提供御式服务。

3.短期服务与长期服务

短期服务一般指饭店为入住时间较短的客人提供的服务。

长期服务指饭店为长包房客人或与饭店签有协议的公司客人提供的服务。

4.个性化服务与标准化服务

个性化服务指饭店根据客人的个性特征,提供与其他客人不同的能满足其个性需求的服务。比如饭店为超过2米的"巨人"客人提供特质床,五星级饭店提供宠物照看服务,甚至出现宠物饭店。

标准化服务是不同饭店都能够为客人提供的大众化的服务。

(二)饭店服务的发展趋势

1.简捷化服务模式

简捷化服务模式是指以经济型饭店为主体,在保证服务质量的同时力求节约成本的简单、快捷的服务模式。

2.定制化服务模式

定制化服务模式是以高档饭店为主,在标准化基础上以高度个性化为特点的服务模式,有大规模定制、局部定制与高度定制三种模式。大规模定制,即提供特殊功能、接待特殊顾客的主题饭店;局部定制,即局部区域和范围的个性化,如无烟楼层、个性化的餐厅、女性楼层;高度定制,如私人管家、专业男仆服务、精品饭店(璞缇客精品饭店、准管家服务)。

第二节　饭店服务质量概述

一、饭店服务质量的含义

(一)狭义上的饭店服务质量

狭义上的饭店服务质量是指饭店服务的质量,它纯粹是指由服务员的服务劳动所提供的、不包括提供的实物形态的使用价值。

(二)广义上的饭店服务质量

广义上的饭店服务质量即设施设备、服务产品、实物产品、环境氛围和安全卫生的质量,是一个完整的服务质量的概念。整体来说,它包括有形产品质量和无形产品质量两个方面。

我们这里说的服务质量指广义的服务质量,即饭店以其所拥有的设施设备为依托为宾客所提供的优质服务的实用价值的大小。

二、饭店服务质量的构成

饭店服务质量主要由设施设备质量、服务产品质量、实物产品质量、环境氛围质量等多方面组成。

(一)设施设备质量

饭店设施设备即是饭店提供的服务质量的物质基础包括房屋建筑、所有设备及低值易耗品等。饭店的设施设备是饭店提供饭店服务的基础,是饭店服务的有形依托和表现形式。饭店服务质量对饭店设施设备的基本要求如下:

(1)服务设施设备的总体水平应达到与星级标准相应的水准;

(2)服务设施设备应尽可能完善,让宾客感到实用、方便;

(3)各种设施设备应处于良好的状态;

(4)对各种设施设备应有严格的维修保养制度,确保饭店的接待服务正常运转。

(二)实物产品质量

实物产品可直接满足宾客的物质消费需要,其质量也是饭店服务质量的重要组成部分之一。它通常包括如下内容:

(1)饮食产品质量。它包括产品风味、原料选择、原料配备、炉灶制作、食品卫生等,最终体现在食品产品的色、香、味、新、器、名等要素上,饮食产品要精致可口、营养卫生、独具特色、迎合消费者需要。

(2)购物商品质量它包括商品数量、商品结构、花色品种、民族特色、纪念意义、外观包装等,最终以商品本身的内在质量为主。饭店商品应货真价实、品种丰富、结构合理、外观精美、所供商品符合宾客的购买偏好。

(3)服务用品质量。它包括服务人员使用的各种用品和直接给客人消费的各种生活用品。前者是提供优质服务、保证客人需要的重要条件;后者是满足客人物质需要的直接体现。

(三)服务产品质量

服务产品质量指饭店提供的服务水平的质量,它是检查饭店服务质量的重要内容。其内容包括服务态度、服务知识、服务技能、服务方式、礼节礼貌、劳动纪律、职业道德、职业习惯等方面。

(四)环境氛围质量

服务环境的良好程度是满足客人精神享受的重要体现,良好的服务环境能够给客人提供舒适、方便、安全、卫生的服务,是饭店服务质量的重要组成部分。

服务环境的质量包括服务设施、服务场所的装饰布置、环境布局、空间构图、灯光气氛、色调情趣、清洁卫生、空间形象等方面,也包括饭店与客人的人际环境、文化吸引性与相融性、饭店内部人际关系等因素。

知识拓展 4-2

服务质量的尺度

三、饭店服务质量的特点

同一般商品比较,饭店服务质量有其自己的特点,正确认识这些特点是提高服务质量的前提。

(一)饭店服务质量构成的综合性

从饭店服务质量的内容可以看出,饭店服务质量是由很多具体内容和劳务活动构成的,并具有综合性。因此,要把饭店服务质量管理作为一项系统工程来抓,既要抓好有形产品的质量,又要抓好无形服务的质量,更好地督导员工严格遵守各种服务或操作规程。首先要有整体观念,既要重视设施设备方面的质量,又要重视实物产品的质量,更要重视劳务本身的质量。其次必须进行多维评价,由于优质服务是由很多具体内容和劳务活动构成,这些活动作用于不同的对象,每一次活动的质量好坏都会影响整个服务质量。最后必须重视学习和运用心理学知识,服务质量的高低以客人的心理感受作为评价标准,客人的兴趣、爱好、需求及各地风俗习惯不同,评价标准也不完全一样。因此,只有针对客人的心理特点,充分运用心理学知识,做好每一次服务工作,才能提供优质服务。

(二)饭店服务质量评价的主观性

饭店服务质量主要是由客人享受到各种服务后的物质和心理的满足程度决定的。其质量评价取决于两个方面:一是宾客实际得到的满意程度;二是客人与饭店,包括服务人员的关系。这两个方面,前者的质量评价带有较强的主观性,后者的质量评价带有感情色彩。

(三)饭店服务质量内容的关联性

饭店的每一次服务活动都不是独立存在的。饭店规模越大,服务活动之间的联系越广泛。从整个饭店看,服务质量在保证设备设施和实物产品的前提下,又包括前厅服务质量、客房服务质量、餐饮服务质量等具体内容。这些内容以客人的活动规律为线索,互为联系、互为条件、互为遗存,形成一条服务链。这要求饭店首先必须具有系统观念,要从住店和用餐客人的活动规律出发,加强各个服务环节之间的衔接和协调,树立整体形象;其次必须重视各个服务链内部的衔接和协调,各部门、各服务过程、各服务环节之间协作配合,充分体现饭店服务的延续性。

(四)饭店服务质量对员工素质的依赖性

饭店服务质量是员工在有形产品的基础上通过即席表现的劳务创造出来的,而这种表现又很容易受到员工个人素质和情绪好坏的影响,具有很大的不稳定性。所以要求饭店管理者应合理配备、培训、激励员工,努力提高他们的素质。

(五)饭店服务质量显现的短暂性

饭店服务质量由一次次内容不同的具体服务组成,而每一次具体服务的使用价值均只有短暂的显现时间,即使用价值的一次性。不像实物产品那样可以返工、返修或退换,如要进行服务后调整,也只能是另一次的具体服务。因此,饭店服务人员必须具有强烈的服务意识,多方面的服务知识及应变能力,另外,服务人员必须十分重视每一次具体服务活动,要根据服务程序的要求,针对客人特点提供优质服务,争取使每一次服务都能让宾客感到非常满意,从而提高饭店整体服务质量。

知识拓展 4-3

一组值得饭店思考的数字

第三节　饭店服务质量管理的方法

一、饭店服务质量的调查

要提高服务质量,管理人员必须认真听取外部顾客、竞争对手企业和本企业的内部员工等三方的意见。这就要求饭店建立服务质量信息系统,并经常进行服务质量调查。

(一)服务质量信息系统的作用

(1)便于作决策;

(2)全面了解饭店服务质量的相关信息;

(3)了解服务人员的状况,确定员工的报酬。

(二)服务质量的调查方法

1.交易调查

在员工每次服务工作结束后调查顾客的满意程度,收集顾客的反馈。

2.暗查

调研人员定期或不定期采用以顾客身份接受服务,评估服务质量。

3.新顾客与流失的顾客调查

调查顾客选购本企业服务的原因,老顾客在本企业消费额减少的原因,流失的顾客不再购买本企业服务的原因。

4.专题座谈会

调查对象可以是本企业的顾客、竞争对手企业的顾客,也可以是本企业的员工,调查对象可以在这类座谈会上为饭店提供正式的信息,提出各种改进服务工作的建议。

5.顾客咨询委员会

通过会议、电话调查、问卷调查等方式,定期征求顾客委员会成员的意见和建议。

6.服务实绩评论

定期走访一批顾客,了解顾客对本企业服务的期望和评价。

7.顾客投诉、评论和问讯记录

旅游饭店记录顾客投诉、评论和问讯情况,通过分类整理,可发现最常见的服务错误。

8.整个市场调查

调查本企业竞争对手的顾客,对本企业服务的全面评价。

9.员工现场报告

采用正式的程序收集、分类整理员工在服务现场获得的信息,以便管理人员了解顾客对本企业服务的期望和评价。

10.员工调查

员工直接为顾客服务,了解本企业服务质量问题产生的根本原因,能为改进服务工作提出宝贵意见。

11.经营数据记录系统

企业记录、分类、整理、分发服务差错率、员工回应顾客要求的时间、服务费用等经营实际数据,监控服务实绩,以便采用必要的措施,改进经营实绩。

建立服务质量信息系统之后,管理人员必须直接听取顾客的意见,而不能只听取调研人员汇报量化的调研结果。应该直接地向顾客学习,获得大量、生动、可信的信息,更深入地理解顾客的需要。

■Ⅲ 知识拓展4-4

饭店服务质量的检查方法

二、饭店服务质量管理方法

(一)全面质量管理

1.饭店全面质量管理的含义

全面质量管理,起源于20世纪60年代的美国,其概念是由美国质量管理专家费根堡与朱兰等人提出的。先在工业中运用,后推广到服务行业。

我国饭店业自1978年开始引进并推行全面质量管理,它运用科学的质量管理思想,改变了传统的事后检查的方法,把质量管理的重点放在预防为主上。将质量管理由传统的检查服务质量的结果转变为控制服务质量问题产生的因素;通过对质量的检查和管理,找出改进服务的方法和途径,从而提高饭店质量。

2.饭店全面质量管理的内容

(1)全方位管理。

饭店全面服务质量的构成因素众多,涉及范围广泛。因而,其全面质量管理必然是全方位的质量管理。它既包括有形产品质量管理,又包括无形服务的质量管理;既包括饭店前台的各种质量管理,又包括饭店后台的各种质量管理。

（2）全过程管理。

从客人消费的角度来看，从客人进店到客人离店，是一个完整的过程，饭店中的每项业务活动，从开始到结束，都会形成一系列的服务过程。为此，饭店全面服务质量管理，既要做好事前质量管理，又要做好事中和事后的质量管理，因而必然是全过程的管理。

（3）全员性管理。

饭店服务质量是由广大员工共同创造的。它贯穿于饭店各层次人员执行饭店质量计划、完成质量目标的过程之中。前台人员直接为客人提供各种服务，后台人员通过为一线人员的工作服务而间接为客人服务，管理人员则组织前台和后台人员共同为客人服务。

（4）全方法管理。

饭店全方法质量管理是多种多样管理方法的有机结合，是在有机统一的前提下，根据实际需要，采用灵活多样的各种方法和措施，提供优质服务。

（5）全效益管理。

饭店服务既要讲究经济效益，同时又要讲究社会效益和生态效益，它是三者的统一。只有在获得一定经济效益的基础上，饭店才能生存和发展。同时作为社会的重要一员，饭店又必须兼顾社会效益和生态效益。

（二）PDCA 循环

PDCA 循环工作法是由美国统计学家戴明提出来的，因此又叫戴明循环。它是饭店企业全面提高服务质量的一个最基本的工作方法。PDCA 即计划、实施、检查和处理的英文简称。

PDCA 循环是指按计划、实施、检查、处理这四个阶段进行管理工作，并循环不止地进行下去的一种科学管理方法。PDCA 循环工作法一方面使质量管理按照逻辑程序循环发展，避免了质量管理产生波动性。另一方面它保证了质量管理的系统性和完整性，提高了质量管理工作的深度和广度。PDCA 循环转动的过程，就是质量管理活动开展和提高的过程。

1. PDCA 循环的工作程序

（1）计划阶段。分析服务质量现状，找出存在的质量问题；分析产生质量问题的原因；找出影响质量问题的主要原因；提出解决质量问题的质量管理计划。

（2）实施阶段。饭店管理者组织有关部门或班组以及员工具体地实施质量管理计划所规定的目标。

（3）检查阶段。饭店管理者认真、仔细地检查计划的实施效果，并与计划目标进行对比分析，看是否存在质量差异。

（4）处理阶段。总结成功的管理经验，使之标准化，或编入服务规程，或形成管理制度加以推广应用。同时，吸取失败的教训，继续本轮 PDCA 循环。

2. PDCA 循环的特点

（1）循环不停地转动，每转动一周提高一步。每次循环都有新的目标和内容，质量问题才能不断得到解决，饭店水平才能不断提高。

（2）大环套小环，小环保大环，相互联系，彼此促进。整个饭店循环是一个大环，各部门则是大环中的小环。小环以大环为整体，是大环的分解和保证。

（3）强调管理的完整性。PDCA 循环是一个整体，每一个阶段都同等重要。每一个阶段的工作都是下一个阶段的开始，不可忽视或缺少。

3.实施 PDCA 管理循环的注意事项

PDCA 管理循环的四个阶段缺一不可。只计划而没有实施,计划就是一纸空文;有计划,也有实施,但没有检查,就无法得知实施的结果与计划是否存在差距和有多大差距;若计划、实施、检查俱全,但没有处理,则不但已取得的成果不能巩固,失败的教训不能吸取,而且所发生的问题还会再次重复。

(三)ABC 分析法

ABC 分析法又称重点管理法、主次因素法,是意大利经济学家巴雷特分析社会人员和社会财富的占有关系时采用的方法、美国质量管理学家朱兰把这一方法用于质量管理并取得效果。运用 ABC 分析法,可以找出饭店服务存在的主要质量问题。ABC 分析法以"关键的是少数,次要的是多数"这一原理为基本思想。

通过对影响饭店服务质量诸方面因素的,以质量问题的个数和质量问题发生的频率为两个相关的标志,进行定量分析。计算出每个服务质量问题在质量问题总体中所占的比重,然后按照一定质量分成 A、B、C 三类,以便找出对饭店服务质量影响较大的 1~2 个关键性的质量问题,并把它们纳入饭店当前重点的质量控制与管理中去,从而实现有效的服务质量管理,使服务质量管理工作既突出重点,又照顾一般。用 ABC 分析法分析质量问题主要由以下四个步骤构成:

1.收集服务质量问题信息

通过宾客意见书、投诉处理记录、各种原始记录等收集有关服务质量的信息。

2.分类、统计,制作服务质量问题统计表

将收集到的质量问题信息进行分类、统计、排列,制作统计表,在表上计算出比率和累计比率。

同时,作出有两条纵坐标轴的直角坐标图。横坐标为分类质量问题,排列方法从左到右按出现次数的多少顺序排列。纵坐标为质量问题出现的次数。

3.分析找出主要质量问题

排列图上累计比率在 0~70% 的因素为 A 类因素。即主要因素;在 70%~90% 的因素为 B 类因素,即次要因素;在 90%~100% 的因素为 C 类因素,即一般因素。

找出主要因素就可以抓住主要矛盾。运用 ABC 分析法进行质量分析有利于管理者找出主要问题,但在运用过程中应注意以下两点:第一,A 类问题所包含的具体质量问题不宜过多,1~3 项是最好的,否则无法突出重点;第二,划分问题的类别也不宜过多,对不重要的问题可单独归为一类。

知识拓展 4-5

饭店优质服务的建立途径

思考题

1. 如何理解现代饭店的服务模式？
2. 阐述现代饭店全面质量管理的基本内容。
3. 如何看待饭店的顾客提出来的意见或投诉？

案例分析

案例 1：散落的行李

2017 年 7 月 10 日，某五星级大饭店，李先生入住到 3806 房。礼宾员小王给李先生办好手续后帮其把行李(一个公事包和一个行李箱)提到 3806 房。李先生因为急需上网办公，便询问小王是否会连接网线。小王便在电脑桌前帮忙连接电脑，但很快发现 3806 房的电脑有问题不能上网。李先生十分生气，便开始抱怨饭店硬件设施太差，小王急忙对客人进行安抚，并打电话至前台反馈信息，帮李先生换房，但李先生坚持要进房间看能否上网才考虑是否更换。小王便引领李先生到 3808 房并连接好网线，李先生便比较满意地开始工作并让小王把行李拿到他的房间。由于整个换房过程耽误时间太多，小王在拿行李时没有检查行李状态，而是急急忙忙地顺手提起李先生先前已经打开的行李箱。结果由于太过于匆忙而使李先生的几件衣服散落在地上。小王将衣服重新拾起并放至行李箱，然后送至房间后，并没有向李先生解释刚才所发生的失误。后李先生打开自己的行李箱并发现自己的箱内衣物有被人动过的痕迹，十分生气，提出了投诉。

(材料来源：根据某五星级饭店内部资料改编)

思考：

1. 该酒店在服务质量管理方面存在哪些问题？
2. 酒店应该如何处理李先生的投诉？

案例 2：小田的做法妥当吗？

某饭店餐厅午餐开业期间，服务员小田在值台巡视时，忽然看到一位客人正在用脚踩灭刚仍在地板上的烟头，干净的地板立刻被弄脏了。小田走上前去，大声指责客人，并让客人将扔在地板上的烟头捡起来。客人一抬头，看到服务员怒气冲冲的面容，和同桌客人表情复杂的眼神，觉得自己没有面子，于是也提高声音反驳道："你们餐桌上为什么没有烟灰缸？ 没有烟灰缸，当然只好扔在地上了。"小田强调说："没有烟灰缸可以向服务员要，可你随便乱扔烟头是破坏公共卫生的行为……"双方各持己见，眼看争吵就要升级，餐厅主管及时上前妥善处理了这一事件。

(材料来源 http://www.docin.com/p-1625431970.html.)

思考：

1. 小田的做法存在哪些问题？ 酒店在服务质量管理方面存在哪些问题？
2. 如果你是餐厅主管，你会怎么做？

案例拓展 4 - 1

可乐煲姜

案例拓展 4 - 2

鱼缸里的金鱼

案例拓展 4 - 3

西瓜蛋糕

第五章 饭店信息系统管理

了解饭店经营的相关信息；

掌握饭店经营管理信息系统的主要功能模块；

了解饭店饭店宾客资源管理的功能与作用；

掌握宾客资源的管理。

第一节 饭店的信息系统概述

一、饭店经营的相关信息

现代饭店的各层管理人员每天所处理的业务,任何时刻都和信息有关,其大部分的工作内容都反映在收集、保存、传送以及加工和处理信息等活动中。我们从管理的角度可以把信息定义为:信息是经过加工处理后的数据,对接收者有用,对决策者和管理者有现实或潜在的价值。

饭店信息可分饭店内部信息和饭店外部信息两大类。

(一)饭店内部信息

1.客户和客源信息

通过饭店的信息系统,实现与客户的信息互动,实现对客户的服务承诺,从而培养饭店的忠诚客户群体。作为饭店管理人员,必须利用信息系统,去了解客户的个人信息、客户的需求、客户对饭店服务的意见,并通过信息系统处理客户的信息使饭店经营者对客户的动态了如指掌,有利于饭店经营策略的制定。

2.销售信息

销售信息包括饭店客房信息和销售报表信息,这些信息和客源信息密切相关,通过销售信息可以分析饭店的经营状况。管理人员通过信息系统,可以及时了解饭店经营的销售信息,掌握饭店经营的销售情况。

3.财务信息

财务是饭店经营的核心,财务信息反映了饭店经营的盈亏状况、经营水平,是饭店信息系统中的主要信息。财务信息包括凭证信息、账务信息、总账和明细账等信息,由信息系统中的专门软件进行处理。

4.人力资源信息

人力资源是饭店经营管理中的主要内容之一。信息系统可以记录每一个人的基本信息、培训信息、工资奖励信息、业绩和晋升信息等人力资源信息,并供管理部门查询。

5.工程设备信息

工程设备信息包括设备的基本信息、设备的维护信息、设备的资产信息、设备的报修信息、设备的备件信息等。通过信息系统处理设备信息以后,可以产生每周的设备维修清单、设备资产清单、设备折旧清单,并可以实现设备的计算机报修,记录设备的使用和维护情况,保证设备处于良好的运行环境中。

6.物资用品信息

物资用品信息包括耗材物品信息、办公用品信息、客房用品信息、饮料食用品信息、餐饮原料信息以及商场商品信息等。信息系统记录了这些物资用品信息的采购、入库、出库、库存等情况,形成各类采购报表、统计报表、汇总分析报表,使饭店管理中的各类物资商品得到合理的使用。

(二)饭店外部信息

1.行业政策信息

行业政策信息包括行业规范、星级标准、安全要求等政策性文件,行业的优惠政策,涉外的管理规范以及一些地方性行业管理政策等。

2.经济和金融信息

经济和金融信息包括外汇牌价信息、宏观经济指标信息、股票行情信息以及市场变动指数等信息。经济信息对饭店经营同样十分重要,经济和金融信息反映了经济发展的走势和金融发展的动态。

3.相关协作单位信息

饭店的经营离不开相关的协作单位,如旅行社、旅游公司、旅游用品提供商、旅游耗材提供商、餐饮原料提供商等。

4.饭店同行的信息

饭店同行信息包括同行的设施、价格、经营特色、服务承诺以及经营活动等情况。饭店经营的市场类似于战场,只有"知己知彼"才能"百战百胜"。

5.社会公共信息

社会公共信息主要包括交通信息、气象信息、旅游景点信息、其他饭店信息、本地环境和公共服务设施信息等。饭店在经营过程中要关注社会公共信息,对住店宾客提供社会公共信息有利于提高服务质量。

二、饭店经营管理信息系统

饭店经营利用计算机技术,以饭店管理人员为主导,进行信息的收集、传输、加工、储存、更新和维护。饭店的信息系统可以包括前台经营系统、后台管理系统、办公自动化系统、饭店决策支持系统等。本书中我们只对经营管理的信息系统作简单介绍。

饭店的前台经营系统和后台管理系统合称为饭店经营管理系统,主要管理和处理饭店经营的一切业务往来,记录饭店经营所有的活动数据。下面按照饭店经营管理系统的软件结构(见图5-1)介绍其主要功能模块。

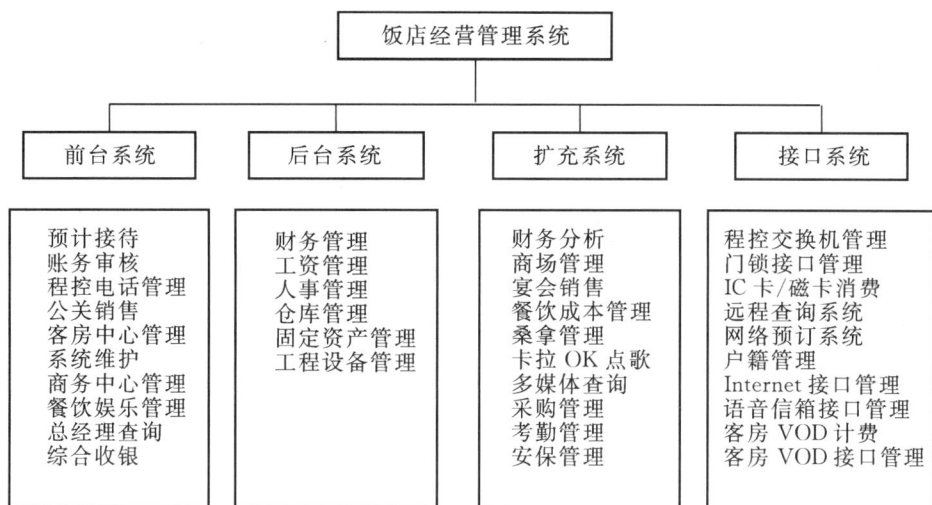

图 5-1 饭店经营管理系统的软件功能结构

(一)前台经营系统

1. 预订接待系统

预订接待系统是前台系统的主要功能模块,主要完成对散客、团体的预订和接待登记任务,以及对散客、团体的客房分配、加床、退房、续住等日常管理工作。利用计算机处理上述业务,总台可以一目了然地了解饭店客房的使用情况、预计离店的宾客情况等。饭店的工作效率和对客服务质量都大大提高,这是手工管理所无法比拟的。

知识拓展 5-1

酒店人必学的 OPERA 系统

2. 账务审核系统

该功能模块主要功能是记录每个客户在饭店的消费情况,处理散客、团体账务,负责总台的收银工作以及夜间的审计工作,所有住店宾客的账务从交预订金开始就和该系统发生关系。该系统具体管理总台的收银日记账和应收账款,处理和打印每日报表以及有关的分析报表。所有前台宾客从登记入住到结账离店所发生的一切账务均由该系统负责处理。

3. 程控电话管理系统

程控电话管理是通过程控交换机和计算机连接的一个电话计费控制系统,实现对饭店内各分机电话的准确计费,并可进行各种统计、查询报表等管理。计算机通过接收程控交换机输出的每条话单,并对每条话单内容进行分解、计算、存储,完成每个分机的国际、国内直拨电话计费。该系统一部分完成客房分机的电话计费,把电话费用记入到住店宾客的账户中,实现宾客离店的一次性结账;另一部分记录内部管理部门的每一条电话费用的详细情况,以利于饭店对费用的控制。

4.客房中心管理系统

客房中心管理的主要工作是控制客房状态、客房设备以及客房用品。通过该系统,总台或总经理随时可了解客房状态及有关数据,如可用房数、维修房数、自用房数、不可用房数等。通过计算机的管理,使客房设备和客房用品得到合理使用,减少浪费。

5.餐饮娱乐管理系统

餐饮娱乐管理系统主要完成散客点菜和收银等日常管理以及餐饮预订等管理,如餐厅及各娱乐营业点的收银管理、餐饮成本的动态控制以及吧台商品的销存管理等,对住店宾客或特殊宾客收费自动过账,实现一次性结账,并可打印各类营业报表及餐饮稽核报表。

6.总经理查询系统

总经理查询系统的主要功能是提供快速查询,让总经理等决策者快速、全面、准确地了解饭店经营管理有关信息数据,以便作出正确的决策。总经理查询系统提供的信息数据包括前、后台各种营业数据,如前厅接待、预订数据、房务数据、餐饮数据、收入成本数据、人事数据、工资数据以及库存数据等。

(二)后台管理系统

1.财务管理系统

财务管理属后台系统,财务管理是饭店管理的核心内容。财务管理系统的功能是管理总账、明细账、分类账等,包括账务处理、原始凭证处理、科目设置处理、账户管理、凭证汇总处理、账目查询和打印处理、银行对账处理、月终年终报表处理、各类报表打印处理等。该系统存贮的财务数据是饭店最重要的数据,必须有一套安全数据管理机制,并且一定要有灾难恢复功能,以保证整个账务系统的数据安全。

2.人事工资管理系统

人事工资管理系统的主要功能是管理饭店的人事关系及工资,包括档案管理、劳动组织管理、招工用人管理、员工培训管理、人事变动管理、考勤输入管理、工资发放管理、工资汇总管理。在该系统中,通过有效管理,可充分利用饭店的人力资源,提高人事工资管理的精确度,减轻人事部门的劳动强度,提高人事部门工作效率。

3.工程设备管理系统

工程设备管理系统主要管理饭店的固定资产设备。工程设备管理系统对固定资产的分类、用途、维护、统计等进行有效管理,完成设备的购入登记管理、调拨管理、折旧管理、设备报废管理以及设备查询打印等管理工作。

4.仓库管理系统

饭店库存原料品种繁多,难于管理,仓库管理系统能详细记录每一笔原料物资出入库情况。仓库管理系统功能包括入库管理、领料管理、调拨管理、仓库明细账管理、预计进料管理、账务查询管理以及物品统计报表打印管理等。通过计算机管理,可以提高饭店资金的利用率,使仓库"账实相符",减少库存积压。

5.综合收银系统

综合收银系统是餐饮收银、娱乐收银及预订系统的综合体,主要用于餐饮部门、娱乐部门以及饭店其他经营部门的收银。综合收银的管理功能有预订管理、信息查询、计时管理、交班报表管理、应收账务管理、系统设置管理等。要使用综合收银系统,首先必须由系统管理员在系统维护中对该计算机进行定义,表明该计算机可操作哪些收银点的信息。

知识拓展 5-2

国内常用酒店系统软件介绍

第二节　饭店信息系统的宾客资源管理

许多饭店企业为了更好地了解宾客的需求、与顾客进行互动,使用了宾客资源管理(customer relationship management,CRM)应用系统来建立良好的、忠诚的宾客关系。CRM 可以更好地帮助饭店实现了内部对客服务流程,如财务、餐饮、客房管理和内部人力资源的自动化和优化,从而真正使饭店经营转变成以宾客为中心的新经济模式。CRM 解决方案集中于实现自动化和改进流程,尤其是在销售、营销、客户服务和支持等前台办公领域,成为饭店信息系统中的主要功能模块。

一、宾客资源管理概述

宾客资源管理所要解决的主要内容是留住老宾客、争取新宾客,获取市场和宾客的消费信息并挖掘和分析这些数据,从中得出有用的、正确的结论,来为市场和宾客提供更好的产品和服务。CRM 就是一套人机交互系统或一种解决方案的应用软件,它能帮助饭店企业更好地吸引潜在的宾客和留住最有价值的宾客。通过它,饭店企业可以迅速地发现潜在宾客,对宾客进行全面的观察和管理,更好地了解宾客的需求,对宾客及其发展前景进行有效的预测,对其当前和潜在的利益进行科学的分析,进而维系二者之间的关系,并使从宾客身上获得的盈利实现最大化。

二、宾客资源管理的功能与作用

CRM 最重要的作用是建立一套完整的宾客信息系统,并与宾客建立互动的交换模式。饭店必须像管理其他资源一样对客户进行管理,建立以宾客为中心的市场营销模式。CRM 与传统管理不一样,它是一个软件,注重的是管理过程,关心的是宾客状态和宾客需求,其中宾客满意度和培养忠诚宾客则是管理的重要部分。

(一)过程管理

宾客管理过程就是与宾客交流信息的过程,实现有效的信息交流是建立和保持饭店与宾客良好关系的途径。在 CRM 系统设计中,过程管理是非常重要的部分,销售过程决定销售结果,而在销售过程中与宾客的信息交流起着决定的作用。一般来讲,CRM 把过程分成四个阶段:兴趣需求搜集阶段、方案设计阶段、交售阶段和跟踪阶段。同时可将跟踪计划与业务计划结合起来进行,把计划分为日程表、周计划和月计划。日程表主要报告当天的事情进展如何;周计划报告客户的状态有没有改变;月计划报告有没有完成计划。日、周、月三个阶段的工作都是可以量化的,根据这些量化的数据可预测下个阶段的工作。强调管"过程",并不是说不管"结果"。在 CRM 的理念中,每一个结果都被视为是阶段性的,这一阶段的结果是下一阶段的开始,周而复始,不断循环。

(二)宾客状态的管理

除了管理过程以外,宾客状态的分析与管理对 CRM 也很重要。通过对宾客状态的管理,可以了解宾客的需求动态,发掘潜在的商机。饭店每天会将所收集的宾客数据放到数据仓库中,并且设定了一些智能化的分析机制,对宾客的状态进行管理,如宾客的级别、宾客的消费次数、宾客的消费额、宾客的爱好、宾客消费的频率等。这样对宾客的接待和消费可以进行专门的处理。一旦宾客状态发生变化或有异常的情况发生,数据仓库会自动作出相关统计,并将统计的结果提交给总台或营销部门的人员,由营销人员及时与宾客进行互动联系,对于大客户还必须上门进行联系,保持与宾客的沟通,使宾客不至流失。

借助于 CRM,饭店通过与宾客不断互动、提供信息和与宾客交流,可影响宾客的消费行为,进而留住宾客,不断增加饭店的利润。通过实施宾客资源管理,能够分析和了解处于动态过程中的宾客状况,从而搞清楚不同宾客的利润贡献度,这样才便于选择应该供应何种服务产品给何种宾客,以便在合适的时间,通过合适的渠道去和宾客做交易。

(三)宾客满意度的管理

宾客满意度已经成为一些饭店所关注的问题。大多数饭店企业不同程度地在实施宾客满意度工程。但是由于"满意度"难以度量,在具体的实施过程中,无法量化管理。

从行为角度来讲,满意度是宾客经过长期沉淀而形成的情感诉求,它是宾客在历次交易活动中状态的积累。CRM 最重要的是建立一套完整的宾客信息系统,通过对过程的管理,随时了解客户的状态,避开传统管理带来的经营误区。

由于 CRM 提供了数据分析,可以使饭店能够找到自己的宾客,避免到处撒网,导致资源浪费。在有限资源的条件下,要更多地关注那些让企业盈利的宾客,必要时应剔除一些服务成本太高的顾客。同时,CRM 可以帮助饭店整理出最忠诚宾客的行为标准。销售人员就可以此去寻找新的宾客。

在高度竞争的饭店业中,完全满意的客户远比满意的宾客忠诚。只要客户满意程度稍稍下降一点,宾客忠诚的可能性就会急剧下降。这表明,要培育宾客忠诚感,饭店必须尽力使宾客完全满意。

(四)宾客成本的管理

维持与宾客的关系需要成本。CRM 所创造的全新的商业模式,将彻底改变宾客服务机制的作用。饭店第一次可以真正准确地预测宾客服务的成本,估算出每一元钱的回报。饭店也可以清楚地知道每一宾客能产生多少业务,可能购买什么服务产品以及答复他们的电话成本是多少。这使得饭店可以根据每一宾客创造盈利的潜能提供相应水平的服务。

与传统的"宾客忠诚度计划"不同,CRM 能够将宾客的划分更加人性化,区分越来越细,如特大宾客、大宾客、一般宾客、小宾客、零散宾客、潜在宾客等。特大宾客享受最高等级的服务,当然它会给饭店带来最大的收益,可以不考虑服务成本;零散宾客享受最低等级的服务,由于其带来的效益也低,必须考虑服务的成本。而对于潜在宾客要根据该宾客对饭店经营的影响程度,实施具体的服务措施。CRM 的这种管理由于程序的自动化,可以设计得相当完善,而对于大宾客再配以人工服务,使系统的对客服务既快捷、又温馨,可以消除其中的成本因素影响。

三、客户资源的价值及管理

现代饭店管理人认为,在今天形成饭店业竞争优势和核心竞争力的,再也不是那些容易获取的有形的机器设备、建筑环境、资本、硬件设备等物质资源,而是管理、人才、技术、市场、品牌形象等无形资源,它们是饭店全球化经营的必备条件。这些资源不易流动、不易被复制、交易频率低,其他饭店不容易从市场中得到,具有相对的垄断作用,可以产生一定的垄断优势。宾客资源就是这样一种重要的市场资源,它对饭店经营具有重要的价值。

(一)宾客资源的价值

宾客资源的价值主要体现就是市场价值,即客户购买饭店的服务产品,使饭店的价值得以实现,具体客户价值的表现主要在以下几个方面:

1. 规模优势

规模优势是客户资源管理追求的目标,饭店在经营过程中,如果饭店的忠诚客户在饭店的市场中占据相对较大的份额,那么就会为饭店带来相应的壁垒,形成规模优势,也会降低饭店经营的成本。

2. 品牌优势

品牌优势在连锁饭店和集团化经营中发挥着越来越重要的作用。较大的市场份额本身就代表着一种品牌形象,另外,宾客的舆论宣传对饭店的品牌形象也有重大的作用,特别是宾客中的舆论领袖起的作用更大。不过,宾客的舆论宣传有两种价值取向,一种是宾客对饭店的产品服务很满意,就会正面宣传饭店的品牌,饭店必须充分利用信息系统工具,引用这些正面宣传;另一种就是不满意饭店的产品服务,对饭店进行负面宣传,饭店也必须要利用信息系统工具引导这些负面影响。

3. 信息价值

宾客资源管理最基本的功能就是对宾客信息的管理,在信息时代的饭店管理,宾客信息对饭店来讲是最为重要的价值,它会直接影响饭店的经营行为以及对宾客消费行为的把握。通过对宾客信息的分析和分类,设计迎合宾客喜好的服务产品,使饭店的产品更能满足宾客的需要。宾客资源管理系统可以根据对宾客的购买行为、消费习惯、消费层次、个人爱好等信息的分析,来制定面向该宾客的产品服务组合和提供更人性化的个性化服务产品,以表达饭店对宾客的企业关怀,并据此来制定服务不同宾客的不同服务策略。

4. 网络化价值

宾客资源管理不但针对本地宾客,还必须针对网络宾客,因此宾客资源管理是一个基于 Web 的信息系统。对于网络客户,他借助于 Web 服务器获取饭店的服务,因此有个网络服务的注册号,宾客资源管理系统是根据注册号对网络宾客进行管理。宾客的网络化价值是指当有一个商业宾客使用饭店的产品、服务时,该商业宾客的客户为了便于与该商业宾客进行商业往来,也会采用这家饭店的产品、服务,或利用这家饭店的注册号去获取服务。饭店宾客的客户也可能采用这家饭店的产品、服务,由此形成了一种网络化的消费行为,即形成饭店服务的网络化价值。

(二)宾客资源的管理

宾客作为饭店一项重要的资源是可以管理的,而且可以实现互动管理。具体管理可从以下几个方面入手:

1. 基本宾客信息管理

基本信息的管理通过信息的采集集成到 CRM 系统中去。信息采集可通过市场调研分析人员、市场销售人员、售后维护人员、广告宣传人员、大客户管理人员、预订中心管理人员等汇集到系统,也可以通过投诉记录的信息、销售渠道中传来的信息、互联网传来的信息汇集到系统。信息采集首先要正确,因此饭店要规范信息采集点的采集行为、信息采集人员的责权,规范采集内容与输入信息的格式等,使 CRM 能在大范围内吸纳客户信息。

2. 宾客分类管理

不同的宾客群体对饭店的重要程度、对饭店贡献的价值是不同的。因此,必须对宾客资源进行一定的分类,以获得更多的利润和预算宾客管理成本。在饭店 CRM 系统中,宾客分类管理主要涉及细分宾客群的标准和管理方式的设计,如细分宾客的标准可以是宾客的个性化资料、宾客消费的量与频率、客户的消费方式、宾客的地理位置、宾客的职业、宾客的关系网等。这样可以对不同宾客群信息进一步分析,分析他们的消费特点、购买行为、消费走势、对产品服务的期望价值、所需的产品服务价格组合等,并对这些信息进行深加工。最后实现对不宾客群的管理,确定不同宾客群对饭店的价值、重要程度,并针对不同宾客群的消费行为、期望值等制定不同的销售服务策略。

3. 宾客信息交流管理

宾客管理过程就是与宾客交流信息的过程,实现有效的信息交流是建立和保持饭店与宾客良好关系的途径。饭店 CRM 的信息交流成为 CRM 设计的主要内容,也成为发掘商机的主要手段。在信息交流管理中,必须重点对客户反馈进行管理。在饭店经营中有许多营销活动需要了解客户的反馈,宾客反馈对于衡量饭店承诺目标实现的程度、及时发现在为宾客服务过程中的问题等方面具有重要作用。投诉也是宾客反馈的主要途径,在 CRM 设计中如何正确处理宾客的意见和投诉,对于消除顾客不满,维护客户利益,赢得顾客信任都是十分重要的。

4. 宾客承诺管理

要赢得宾客的高度满意,必须对宾客提供可以操作的承诺服务,信息时代的饭店经营就是要提供完美服务承诺。承诺的目的在于明确饭店能提供什么样的产品和服务。在购买任何产品和服务时,宾客总会面临各种各样的风险,包括经济利益、服务功能和质量以及社会和心理方面的风险等。因此,要求饭店做出某种承诺,以尽可能降低宾客的购买风险,获得最好的购买效果,即享受最好的服务。

5. 宾客的商务管理

宾客的商务管理就是对客户的消费情况进行保存、分析、统计,以形成奖励销售的措施,同时统计出对客服务的成本和客户对饭店的贡献,并进行累计,以确定该客户级别以及享受的服务标准。饭店应在提高服务水平的同时降低成本,在提高市场反应速度的同时给客户以更多的选择。

知识拓展 5-3

希尔顿酒店的 CRM 策略

思考题

1. 饭店经营的相关信息有哪些?
2. 简述饭店经营管理系统的组成。
3. 简述宾客资源管理的功能和作用。
4. 在信息时代,饭店如何开展宾客关系管理?

案例分析

万豪国际集团旗下屡获殊荣的创新常旅客计划 SPG(starwoodpreferred guest)俱乐部早前于美国成功推出"SPG 俱乐部移动入住"服务。近日,SPG 俱乐部将在亚太区的 300 多家酒店中推出这一服务,使得亚太区的会员获得更便捷高效的住宿体验。在全球范围内,也将有越来越多的酒店通过 SPG 俱乐部手机应用程序提供这一特色服务。该项服务计划于 2017 年年底前完成全球部署。

万豪国际集团早在 2013 年就首次推出了通过手机办理入住/退房服务并向宾客的手机发送房间准备妥当的提醒服务。而在万豪国际集团收购喜达屋酒店及度假村集团之前隶属于喜达屋集团及度假村集团旗下的酒店,现在也已经开始提供此项服务。即日起,万豪国际集团也开始在威斯汀、喜来登、瑞吉、福朋喜来登、艾美、臻品之选和豪华精选酒店向 SPG 俱乐部会员提供这些便利的手机应用功能。现今,超过一半的智能手机用户使用移动设备处理与旅行相关的事务,这也是万豪国际集团致力于不断提升手机应用服务,打造个性化便捷体验的主要原因。

万豪国际集团亚太区数字、忠诚计划与品牌组合市场营销副总裁林爱玲表示:"我们亚太区的万豪礼赏会员非常喜欢手机移动入住这项服务。在 2015 年至 2017 年 9 月间,这项服务的使用率增长了近 170%,因此我们想要把这一便捷的功能同样提供给 SPG 俱乐部的会员。这一举动也再次证明,万豪国际集团一直在不断开拓和发展常旅客计划,规模性地落实卓越的礼遇和优质服务,为我们超过一亿的会员们提供更好的旅行体验。"

对 SPG 俱乐部而言,手机服务的旅程起始于"SPG 智能入住"酒店行业第一个智能入住系统。目前该系统已在雅乐轩、源宿和 W 酒店推广。2017 年,在万豪礼赏和丽思卡尔顿礼赏旗下的全球 500 多家酒店,会员们也能体验到这种用智能手机替代房卡的便捷体验。目前,在已经提供"SPG 智能入住"服务的雅乐轩、源宿和 W 酒店,SPG 俱乐部会员的入住登记方式将如之前一样,没有变化。

此次推出的 SPG 俱乐部移动入住功能仅供下载了 SPG 俱乐部手机应用程序的会员使用,会员需要直接通过 SPG 俱乐部的网站或手机应用预订住宿。在入住前约 48 至 72 小时里,会员将接收到是否需要通过手机应用办理入住的通知。并且在入住当日,会员还会收到告知房间已经准备妥当,房卡可在前台取用的通知。当会员通过 APP 退房时,系统将直接通过电子邮件把住宿明细对账单发送给他们。除此之外会员还可以选择"绿色之选"(make a green choice)选项,或者要求提前入住。此外,SPG 俱乐部的精英会员早前就已经可以通过手机应用要求延迟退房,白金卡精英会员还可以选择自己喜欢的迎宾礼品。

SPG 俱乐部手机应用程序还将陆续推出更多功能,包括通过直接与酒店员工互动而提供的更多个性化住宿选项以及更精彩的可选内容等。2018 年,SPG 俱乐部手机应用程序还将推出"手机客服"(mobile requests)功能,目前,万豪礼赏和丽思卡尔顿礼赏旗下 4000 多家酒店已经推出此功能。该功能为会员提供了一个最常用的服务与用品清单,会员可在住宿前、住宿过程中和住宿后直接与酒店员工发信息沟通,以便酒店按需求作好相应的准备。

自万豪国际集团 2016 年收购喜达屋以来,万豪礼赏包括丽思卡尔顿礼赏的会员还可以访问万豪集团官方网站的会员页面,将账户与 SPG 俱乐部的会员账户进行联合,享受三大计划丰富礼遇,包括精英会籍匹配和跨计划无限积分转移。使得会员有机会在万豪国际集团旗下众多的全球品牌酒店中享受到更多独特的体验。

(材料来源:https://baijiahao.baidu.com/s? id=15839987944090551148&wfr=spider&for=pc.)

思考:

1."SPG 俱乐部移动入住"服务主要包括哪些内容?

2.该服务的推出对万豪集团加强宾客管理有何意义?

第六章 饭店营销管理

了解饭店市场营销概念；

理解并掌握饭店市场营销活动的基础环节；

理解并掌握饭店市场营销组合策略；

了解饭店市场营销创新。

第一节 饭店市场营销概述

一、饭店市场营销概念

(一)饭店市场

众所周知,市场是商品经济的产物,哪里有社会分工和商品生产,哪里就有市场。在不同的历史时期和不同的角度,市场的含义是不尽相同的。社会发展初期,人们把市场理解为商品交换的场所。随着社会和经济的发展,市场又被看作不仅指具体的交易场所,而且指所有的买卖双方实现商品让渡的各种错综复杂的交换关系的总和。

市场的形成取决于某种商品或服务的需求方和供给方,两者缺一不可。当供给大于需求时,需求者处于主动地位,市场形态为买方市场;当需求大于供给时,供给者处于主动地位,市场形态为卖方市场。饭店市场是对饭店产品(或服务)具有现实和潜在购买欲望、并具有相应支付能力的个人或组织。

(二)饭店市场营销

1.市场营销

市场营销是现代企业经营的基本理念之一,目前尚无统一的定义。尽管市场营销有各种各样的解释,但其核心是,通过满足消费者自身需求来培养他们对企业或品牌的忠诚度,并在此基础上实现企业的长远利益目标。美国著名的市场营销专家菲利普·科特勒(Philip Kotler)把市场营销定义为:通过创造和交换产品的价值,从而使个人或群体满足欲望和需要的社会和管理过程。

2.饭店市场营销

饭店市场营销的含义就是通过开发和提供饭店产品及其价值的交换活动,使消费者的需求得到满足,并促使饭店获得最大的社会与经济效益的经营管理过程。

二、饭店市场营销观念

市场营销观念的发展大致经历了生产观念、产品观念、推销观念、营销观念和社会营销观念五个阶段。

(一)生产观念

生产观念(production concept)的基本点就是顾客会接受任何他所能买到并且买得起的产品。企业管理的主要任务是提高生产和分销效率,其基本特征就是"我生产什么,就卖什么"。这种观念认为,消费者以品质和价格为基础来选购商品,企业只需极少的销售努力,便可获得满意的销售结果。企业的注意力主要集中在进行专业分工、扩大生产和降低成本上,而不重视市场。

生产观念是一种建立在卖方市场基础上的重生产而轻营销的指导思想。生产观念主要是在经济和技术比较落后时期,生产的发展不能满足消费需求的增长,消费者的需求量大于产品的供应量,多数产品处于"供不应求"的状态,企业生产什么就卖什么,消费者就买什么。

在 20 世纪 80 年代初期,我国的改革开放一方面提高了国内人民的生活水平,促进了国内旅游业的发展,使国内对饭店的餐宿需求大幅度增加,同时,大量外国旅客和商务客人进入我国,使得我国当时的饭店产品供不应求,也就产生了所谓"生产观念"时期,我国开始大量改建、扩建、新建饭店,提高饭店业的接待能力。

(二)产品观念

产品观念(product concept)的基本点就是顾客喜欢质量最好、操作性最强、创新功能最多的产品。企业管理的核心就是集中力量不断改进产品。这种观念依然是以生产为中心,认为只要产品好,就一定能卖出去,而不需要关注市场的需求及其变化。

以产品观念为经营指导思想的饭店经营管理者认为,饭店提供的设施和服务是饭店的核心,饭店致力于不断提高产品质量,而忽略了市场需求的发展变化,很少顾及顾客对饭店层次的需求、顾客结构和偏好等要素。但是饭店一味追求高档化和标准化,而不顺应市场的需求,会造成客源的流失、经营困难,妨碍饭店的健康、良性循环和长远发展。

20 世纪 80 年代中后期,我国的很多饭店不断进行整顿装修,进行改造升级,进口成套的饭店先进设备,一味追求豪华档次或星级,很多大中城市高档、高星级饭店过多,而中低档饭店不足的情况,背离了我国饭店供需结构,导致许多高档、高星级饭店年平均客房出租率很低,陷入经营困境。

(三)推销观念

推销观念(selling concept)的基本点就是如果企业不进行大规模的促销和推销,顾客就不会购买足够多的产品。企业经营管理的核心就是积极推销和大力促销,以诱导顾客购买企业产品。推销观念的基本特征就是"我卖什么,就让顾客买什么"。在推销观念的指导下,企业关心的是将已生产出来的产品或所具备的服务能力推销给顾客,而不关心顾客是否真正需要这些产品和服务,也不关心顾客真正需要的是什么。因此,企业很重视人员推销和广告活动,并通过它们说服顾客购买企业出售的产品和服务。

第二次世界大战后,饭店业向大型化、高档化方向发展,尤其是随着汽车工业的发展,汽车饭店异军突起,并以集团或连锁方式对传统饭店展开了竞争。这时的饭店业市场逐渐由"卖方市场"向"买方市场"转化,饭店市场出现了供大于求的格局,饭店企业开始感觉到企业最大的问题不再是"生产问题",而是"推销问题",由此以"生产为中心"的经营指导思想被"以推销为中心"的经营指导思想所取代。

(四)营销观念

营销观念(marketing concept)认为,实现企业目标的关键在于正确地确定目标市场的需求,并比竞争者更有效的满足顾客需求。这种观念是以顾客需求为企业经营的出发点,按照顾客的需求来开发产品和服务,并通过使顾客的需求得到满足来实现企业目标。营销观念的基本特征是"顾客需要什么,我就生产什么,就销售什么"。

20世纪六七十年代,随着生产力的不断发展,世界各国的政治经济往来日益频繁,商务旅游和大众化旅游越来越普遍,使得对饭店业的需求类型和需求数量增加。这时的饭店开始向多类型化、大型化、规模化和国际化方向发展,同时顾客消费需求的多样化,使得饭店业的竞争日益激烈,饭店业再也不能像以前那样,不考虑顾客的需求特点和层次而将既定的产品和服务推销给顾客,而必须开始根据顾客的需要,系统地开发适合顾客需求的产品和服务。饭店业者开始对市场进行细分,寻找目标市场,认真进行市场定位,并有针对性地开展市场营销活动。饭店营销观念中包含以下三种导向:

(1)顾客导向。这种导向要求饭店不要生产经营顾客不需要的产品和服务。

(2)系统导向。这种导向首先要求饭店的营销计划和活动之间相互协调、相互一致,必要时还需要相互同步,以使所有营销要素有效地综合发挥作用。

(3)利润导向。在营销观念中,饭店营销活动的利益取向将顾客需要的满足包括在饭店的利润中。利润将使饭店、顾客和社会三方都受益。饭店没有了利润,就不能生存和发展,顾客需要就无法得到满足,社会利益也无法得到保证。

(五)社会营销观念

营销观念是将顾客的需求与满足放了企业经营的核心位置,然而在满足顾客需求和创造企业利润的同时,出现了企业为了迎合顾客需求而造成的资源浪费、环境污染等不和谐现象。以饭店为顾客提供的大量一次性物品为例,这些物品在满足顾客需求的同时也造成了巨大的资源浪费和环境污染。社会营销观念(social marketing concept)是一种承担社会责任的营销观念,在社会营销观念指导下,企业不仅要保证顾客需求满足,同时还要服从社会利益的需要。这就要求营销者在企业利润、顾客需要和社会利益三方面进行平衡,这也是企业获得长期稳定发展的重要保证。在原来的营销观念下,饭店鼓励顾客高消费、多消费。而在社会营销观念下,饭店则是引导顾客适度消费,杜绝资源浪费。在社会营销观念的指导下,饭店企业开始认识到:以损害社会公众利益来获取的最大利润是会遭受长期巨大损失的一种短视行为。正是在这种意义上,社会营销观念成为现代饭店最新的经营指导观念。如饭店在顾客就餐时应告诉顾客如何经济用餐,一些饭店推行无纸化办公、创建绿色饭店、参加社会公益活动等,均是具有良好的社会营销意识的表现。

知识拓展6-1

酒店营销名家——埃尔斯沃思·斯塔特勒

三、饭店市场营销活动的基础环节

简而言之,凡是与市场有关的饭店行为都是广义上的市场营销活动。饭店企业在开展市场营销活动时,一般应注重以下基础环节。

(一)市场营销调研

市场营销调研是一个过程,在这个过程中要对市场营销机会与问题加以识别和界定,对市场营销活动进行监控和评估,并向决策者提供调研的结果和建议。具体而言,饭店市场营销调研的主要内容包括如下几方面:

1.饭店市场需求和变化趋势

饭店应收集客源地诸如国家经济政策、人口构成、收入水平等信息资料,测定市场的潜在需求和现实需求,预测市场变化趋势。这种调研主要使用定量分析方法,力求准确地判明市场前景,从而为调整营销策略指明方向。

2.饭店竞争状况

竞争状况是直接影响饭店市场营销的不可控因素之一,需要认真调研。一般而言,饭店应收集的信息包括市场占有率、客房出租率、竞争对手的市场营销策略和实际做法以及竞争对手的特点等。

3.可控因素的影响

在市场营销调研中,饭店应针对产品、价格、分销渠道、促销等可控因素对销售的影响分别进行调查研究,并结合销售成本分析和利润分析,对饭店的战略、策略和未来的业务活动作出规划。

4.其他不可控因素的影响

一般来说,饭店很少直接对政治、经济、文化、科技等不可控因素进行调查。大多数情况下,主要是通过各种媒体资料收集情报。

5.动机调研

在饭店业,动机调研主要是研究宾客对各个饭店所提供的产品和服务的看法,分析宾客选择某一饭店而不选择其他饭店的原因。这种分析有助于判断饭店的哪些特征会对宾客选择饭店产生决定性的影响。

(二)市场细分

市场需求是饭店经营的起点和最终归宿。通常情况下,由于所处地理环境、文化背景、收入水平等多种因素的影响,宾客需求往往表现出较明显的差异。任何一家饭店,不管其规模有多大,实力有多强,都不可能同时满足所有宾客的需求。因此,饭店必须进行市场细分。饭店市场细分,是将一个错综复杂的饭店异质市场划分为若干个具有相同需求的亚市场的过程。其本质是对不同宾客按照需求特征的差异性与相似性进行分类,使得同一细分市场内部,宾客的需求特征相对一致,而在不同的细分市场之间,宾客的需求特征迥然不同。

饭店在进行市场细分时,应有效选择不同的细分标准,以与宾客需求差异紧密相关的某一细分标准为主,在此基础上,选择其他与宾客需求差异相关的细分标准,按由粗到细、由大到小的顺序依次对市场进行划分,直到找到最满意的市场为止。一般而言,市场细分的标准包括地理环境因素、经济因素、人口因素、社会因素、购买行为因素等。

为了保证经过细分后的市场能成为饭店制定有效的营销战略和策略的基础,饭店在进行市场细分时,必须遵循以下原则:

1.可衡量性

可衡量性是指细分市场必须是可以识别和衡量的,也就是说,细分出来的市场不仅范围比较清晰,而且能大致判断该市场的大小。要保证细分市场的可衡量性,首先要做到所确定的细分标准必须清楚明确,容易辨认,不能模棱两可。其次,要保证所确定的细分标准本身是可衡量的,饭店可以利用这些标准从消费者那里得到确切的信息,并且还可以衡量这些标准各自的重要程度,以便进行定量分析。

2.可占领性

可占领性这是指细分市场必须是饭店利用现有的人力、物力、财力,通过一定的营销活动可以通达的市场。也就是说,饭店可以通过一定的广告媒体把产品信息传递给细分市场中众多的消费者,同时饭店产品能够通过一定的分销渠道在细分市场上销售。

3.效益性

效益性是指饭店要能够在细分后的市场上取得良好的经济效益。要做到这一点,首先要求细分市场要具有一定的规模,能适应饭店发展的需要。其次,必须保证细分市场有一定的稳定性,即在占领市场后的相当一段时期内,饭店不需要改变自己的目标市场。

知识拓展6-2

特殊细分市场的酒店

（三）市场选择

市场细分的结果是将整个市场划分为不同的细分市场(或亚市场)。饭店无力同时满足所有细分市场的需求,因此,必须对各个细分市场进行"可进入性"分析,评估饭店的营销机会,从中选择适当的细分市场作为饭店营销的目标市场。

饭店可通过实施目标市场营销策略实现占领市场的目的。常用的目标市场营销策略有以下三种:

1.无差异目标市场营销策略

无差异营销策略是指饭店将所有细分市场视为一个目标市场,用单一的营销策略开拓市场,即用一种产品和一套营销方案吸引尽可能多的购买者。无差异营销策略只考虑消费者或用户在需求上的共同点,而不关心他们在需求上的差异性。

这种策略主要适用于:①同质市场,即市场需求差异小得可以忽略不计的市场;②新产品介绍期;③需求大于供给的卖方市场。

无差异目标市场营销策略的优点主要在于它可以减少饭店的经营成本和营销费用。由于采用单一性的营销组合,产品的组合成本、销售渠道的费用及促销费用都大大降低。此策略的不足之处是这种策略忽视了市场需求的差异性,可能会导致部分宾客的不满意。另外,这种策略不能适应竞争激烈的市场环境。

2. 差异性目标市场营销策略

差异性目标市场营销策略是指饭店针对不同的细分市场制定出不同的营销组合策略,全方位地开展针对性的营销活动,同时占领所选定的几个目标市场。这一策略主要适用于:①规模大、资本雄厚的饭店或饭店集团;②竞争激烈的市场;③产品成熟阶段。

差异性目标市场营销策略的优点是小批量、多品种,生产机动灵活、针对性强,使消费者需求更好地得到满足,由此促进产品销售,同时有利于饭店规避经营风险。此策略的不足之处在于营销成本比较大,要求饭店有强大的营销实力作支持;另外,可能使饭店的资源配置不能有效集中,顾此失彼,难以使核心产品形成优势。

3. 集中性目标市场营销策略

实行差异性营销策略和无差异营销策略,饭店均是以整体市场作为营销目标,试图满足所有消费者在某一方面的需要。集中性营销策略则是集中力量进入一个或少数几个细分市场,实行专业化生产和销售。

集中性营销策略的指导思想是:与其四处出击收效甚微,不如突破一点取得成功。这一策略特别适合于资源力量有限的中小型饭店和竞争比较激烈的市场。

采用集中性目标市场营销策略有利于饭店经营项目专门化,有助于饭店提高资源的利用率,还有利于饭店在目标市场上建立扎实的基础。但由于饭店将资源集中于单一的细分市场,因此饭店所冒的风险较大。为此,饭店必须对这一细分市场的变化保持高度敏感。

以上三种策略各有不同的适应对象,且各有利弊。饭店可根据自身资源状况、产品生命周期、宾客需求变化、竞争对手状况、市场供求趋势等因素,灵活选择不同的目标市场营销策略。

(四)市场定位

准确的市场定位是饭店立足于市场的重要前提。所谓市场定位,是指饭店企业根据目标市场上同类产品竞争状况,针对宾客对该类产品某些特征或属性的重视程度,为饭店产品塑造强有力的、与众不同的鲜明个性,并将其形象生动地传递给宾客,以求得宾客的认同。市场定位的实质是将本饭店与其他饭店严格区分开来,让宾客明显感觉和认识到这种差别,从而使本饭店在宾客心目中占有特殊的位置。饭店在进行市场定位时,应坚持宾客导向、形象差异、灵活调整、突出文化等原则。

市场定位成功与否,取决于饭店能否正确识别、选择并扩散自己的相对竞争优势。竞争优势是市场经济中企业绩效的核心,也是企业活力的源泉。对于现代饭店营销活动而言,核心的任务就是在市场竞争中,在有效利用企业资源的基础上,在产品设计、生产、销售、价格、质量、服务和满足宾客需求等方面,为企业创造优势,促进企业的持续发展。

市场定位的宗旨是通过为宾客提供独特价值来增加产品特色,从而吸引和保留宾客。企业一般应选择那些为宾客所广泛重视的、有利于竞争的、使自己独具特色的特质作为定位变量。一般来讲,饭店可以通过产品差异化、服务差异化、人员差异化、环境差异化、品牌差异化、价格差异化、售后服务差异化以及过程差异化来寻求和营造相对竞争优势。这些差异化变量并非是孤立的、对立的,饭店在实施差异化营销理念时,应根据目标宾客的需求特点,结合自身条件,赋予这些差异化变量以不同的内涵,并加以灵活组合,真正有效地体现饭店差异。

市场调研、市场细分、市场选择和市场定位是一个连续的过程,也是饭店能否发现市场、进入市场、占领市场和扩大市场的关键。因此,饭店应把握好市场定位,统筹安排,做好以上各项工作。

第二节　饭店营销组合策略

所谓饭店营销组合,就是为了满足目标市场的需求,饭店对自己可以控制的市场营销因素进行优化组合,使各个因素协调配合,发挥整体功效,最终实现饭店经营目标。

一、饭店传统营销组合策略

饭店可以控制的市场营销因素是多种多样的。美国的 E. J. 麦肯锡教授将各种市场营销因素归纳为四类,即产品(product)、价格(price)、分销渠道(place)和促销(promotion),简称"4Ps"。对饭店而言,传统的营销组合策略就是指饭店四个"P"的搭配和组合。

(一)产品策略

产品策略是饭店营销组合策略的基础。从一定意义上讲,饭店生死存亡的关键就在于饭店产品满足宾客需求的程度以及产品策略正确与否。

从供给者的角度来讲,饭店产品是指饭店经营者凭借物质产品和非物质产品向宾客提供的全部服务。从宾客的角度来讲,饭店产品是宾客花费一定的时间、费用和精力所换取的一段经历。鉴于饭店产品的特殊性和宾客需求的变异性,饭店在产品设计上应注重整体产品设计和产品的创新设计。

1.整体产品设计

整体产品概念是现代市场营销的产物,反映了饭店营销的重点在于向宾客提供具有完整效用的产品,给宾客带来完整的消费满足。整体产品概念具有三个层次的含义,即核心产品、形式产品和延伸产品。核心产品是饭店产品的最基本层次,是饭店产品提供给宾客的核心利益,它要回答的是宾客真正要买的是什么;形式产品是饭店产品核心利益的外在表现形式,它既表现为实体产品,又表现为无形的服务,如饭店的位置、建筑、装潢、价格及店誉等均属于形式产品;延伸产品是指宾客购买饭店产品时所得到的附加利益的总和,如饭店对宾客的质量保证、饭店免费提供的停车场等。

饭店在开发设计各种产品时,应根据"先核心、后形式、再延伸"的思路进行全面设计,以增加产品的科学性和适用性。

2.饭店产品创新

面对不断变化的顾客需求、技术和竞争,每个饭店都必须保持对发展趋势变化的敏感,并根据产品生命周期的变化,适时调整产品组合,不断开发新产品。饭店的新产品可分为以下三种:

(1)全新产品。即饭店营销主体利用自身智慧和创造力新设计出的产品,它不同于以前任何产品,是人们过去未曾想到的。

(2)革新产品。即饭店营销主体在以前产品的基础上,进行改良后设计出来的产品。

(3)引进产品。即饭店营销主体引进的、在其他市场已经发展起来而在本市场还没有出现的产品。

开发新产品的任务任重而道远,但饭店应本着创新、对路、有利可图、量力而行的原则,不断开发各类新产品,满足人们不断变化的"胃口"。

(二)价格策略

价格策略是指饭店通过对宾客需求量的估计和成本分析,为各个细分市场制定灵活的、层次不同的价格,最终实现营销目标。饭店应在维护自身和宾客双方经济利益的前提下,以目标宾客可以接受的水平为基准,根据市场变化情况,灵活地确定价格策略。

1.影响价格的因素

(1)成本。

饭店生产和销售产品,要获得一定的收益来弥补其成本开支。成本既是价格的组成要素,又是产品定价的主要依据。饭店可以通过不同的方法计算其成本,但其产品定价不应低于成本。

(2)市场因素。

市场因素主要是指需求状况和竞争状况对价格的影响。价格是调节需求的有效手段之一。较高的价格会减少一定的需求量;较低的价格则会引起需求量的反弹。因此,产品在定价时必须考虑需求的约束。一般来说,预计规模宾客的最大价格承受力是这个产品价格的上限。同时,竞争因素决定产品价格在其上限和下限的落点。在竞争激烈的条件下,饭店的产品处于下风时,价格应趋向下限;竞争较少,或是产品在市场上占优势时,价格可靠近上限。同时,还应考虑同类产品在市场上的定价情况。

(3)营销目标。

不同时期,饭店有不同的营销目标,如有的是为了扩大销售量,提高市场占有率,有的是为了击败竞争对手,站稳脚跟,有的是先打开知名度再扩大美誉度。不同的营销目标会影响饭店产品的定价高低。

(4)政策因素。

这是影响产品定价的一个政治因素。国家对某些产品规定了最高限价,对某些产品则规定了最低保护价。饭店在定价时应首先服从国家的价格政策,在这个大范围内参照其他因素定价。

(5)饭店产品因素。

一般来说,饭店产品质量的高低和价格成正比,即所谓的优质优价。此外,产品的生命周期、品牌、知名度等都会影响饭店产品的价格。

(6)通货膨胀。

当饭店所在的地区发生通货膨胀时,饭店的各项成本均会呈不同程度的上扬趋势,迫使企业相应地提高价格,保证企业不致亏损。

总之,影响饭店定价的因素是多方面的,而且各因素之间是相互作用的。这就要求饭店企业必须本着灵活机动的原则进行定价。

2.定价策略

定价策略是饭店为了在目标市场实现自己的定价目标而使用的策略。一般而言,饭店常采用的定价策略有以下几种:

(1)新产品价格策略。新产品进入市场能否有效地打开销路,价格起着非常关键的作用。所谓价格是介绍信,就说明这张介绍信如果开得好,就能增加产品的受关注程度和受欢迎程度。常用的新产品定价策略如下:

①撇脂定价法。产品以高价进入市场,以便迅速收回投资,当有竞争者进入时,则采用降价的方法限制竞争者的进入。采用这种定价方法,要求饭店提供的产品具有无与伦比的优质性或独特性。

②渗透定价法。产品以低于预期价格的价格进入市场,以期获得薄利多销的效果。在饭店形成买方市场的情况下,许多新开业的饭店都是以这种方式进入市场的。

③满意定价法。吸取撇脂定价和渗透定价的优点,选取一种比较适中的价格,既能保证企业获得一定的初期利润,又能被广大宾客所接受。

(2)心理定价策略。利用宾客的心理因素进行合理的定价,巧妙刺激宾客的消费欲望。常用的心理定价策略如下:

①尾数定价策略。给饭店产品定一个以零头数结尾的非整数价格,在宾客心目中留下一个价低的印象。该策略适用于低档产品的定价。

②整数定价策略。给饭店产品定一个整数价格,以这种价格来反映产品较高的质量。

③分级定价策略。根据产品的质量、构成、价值等因素,将饭店产品定为不同档次的价位,以体现不同产品的价值,但是分级不可过细。

④吉祥数定价策略。根据人们对数字的迷信和禁忌心理而采取的一种定价策略,如选一个含有6、8或9的吉祥数作为饭店产品的价格。这类定价法在我国香港、广东一带比较流行。

(3)折扣定价策略。在实行产品交易过程中,通过对实际价格的适量调整,将一部分价格转让给宾客,鼓励宾客购买。折扣定价策略有以下几种:

①数量折扣。饭店根据宾客购买的产品的数量或次数来决定是否给予折扣、折扣的幅度是多少,目的是鼓励宾客重复购买。

②季节折扣。根据宾客购买行为的发生时间来确定是否给予或是给予多少折扣。饭店产品是一种季节性色彩浓厚的产品,有明显的淡、旺季之分,尤其如一些处在非热带地带海滨的饭店。这样一些饭店就利用季节作为打折的因素。

③时间折扣。根据每天早中晚不同的时间段或一星期中每天客流量的变化,制定不同的价格。

④现金折扣。现金折扣主要是对饭店产品批发商实行的一种折扣,饭店对宾客提前支付账单给予的一种优惠,如某宾客在指定的付款日期提前若干天支付了自己的账单,饭店因此给他折扣,使其少付一部分账单。如饭店通常在交易条款中注明:"1/10,净价30",即客户在成交后10天内付款,就享有1%的现金折扣,但最迟必须在30天内付清全部欠款。

⑤功能折扣。依据宾客的身份或产品的功能来确定折扣。如饭店普遍给众多的中间商较大幅度的折扣,但是对一些散客给予的折扣幅度就非常小或根本不给予折扣。

⑥有效的整体折扣。

即将饭店的一系列产品组合成一个整体进行"捆绑"后销售,并给予较大的整体折扣。宾客购买这个"捆绑"的产品时,可以获得比单项购买多得多的优惠。

(4)延期折扣策略。

延期优惠指宾客在购买了饭店的产品以后,进行二次购买时,才能享受的饭店提供的优惠。这样的优惠有以下几种:

①价值返还。价值返还即向宾客提供一种附加价值,但这种附加价值只能在以后享受。如饭店向在本店举办婚宴的宾客赠送周年纪念消费券或小孩满月消费券,这些消费券不能即

时消费。

②连续购买优惠。宾客在购买饭店的产品以后,可以获得饭店给予宾客的优惠券,使宾客在下次购买饭店的产品时,可以利用优惠券获得价格上的优惠。

③代理佣金。

代理佣金主要是针对中间商的价格折扣。如在年初,饭店和中间商以书面的形式商定:如果双方商定的目标在年底实现了,饭店即把佣金支付给中间商,若没有实现,则佣金就不予兑现。

饭店在实施价格策略时,应严格执行有关价格政策,防止利用虚假价格开展营销活动的倾向,也要防止卷入削价竞争的泥淖。

(三)分销渠道策略

饭店分销渠道亦称饭店营销渠道,是指饭店产品和服务从饭店向宾客转移过程中所经过的一切取得这种产品和服务的所有权或使用权,或者帮助所有权或使用权转移的企业和个人,换言之,即出售或者代理出售饭店产品和服务的企业和个人。在市场经济条件下,市场的范围广阔,大部分饭店产品和服务必须依靠一定的分销渠道,才能转移到宾客手中。因此,分销渠道在很大程度上决定着饭店营销活动的质量和效果。

1.分销渠道的基本类型

饭店产品分销渠道的基本类型主要包括直接分销渠道和间接分销渠道两种。

直接分销渠道是指饭店不通过任何中间商而直接将产品和服务销售给消费者的营销形式。随着旅游市场的不断发展,饭店宾客的分布越来越广,饭店要将产品销售给这些分散的宾客,单靠直接分销渠道是不可能的。于是,间接分销渠道便应运而生。

间接分销渠道是指饭店产品和服务从饭店向宾客转移过程中要经过一个或一个以上中间商的营销形式。在这一过程中,中间商的种类和数量不同,间接分销渠道的长度和宽度亦不相同。分销渠道的长度是指饭店产品和服务从饭店向宾客转移过程中所经过的中间商种类的数目,中间商的种类越多,说明分销渠道越长;分销渠道的宽度是指饭店产品和服务从饭店向宾客转移的每个环节中所涉及的同类中间商的数量,同类中间商的数量越多,说明分销渠道越宽。

知识拓展6-3

影响饭店分销渠道选择的因素

2.分销渠道选择策略

饭店分销渠道的选择是指饭店在综合分析分销渠道影响因素的基础上,对分销渠道的长度、宽度以及具体渠道成员等作出的决策。

(1)分销渠道长度的选择。

分销渠道越短,饭店承担的销售任务越多,信息传递越快,销售越及时,饭店对渠道的控制越强。分销渠道越长,中间商承担的销售任务越多,信息传递越慢,流通时间越长,饭店对渠道的控制越弱。饭店在选择分销渠道的长度时,应根据饭店的自身条件、产品的特点、市场竞争状况以及中间商的特点加以确定。

(2)分销渠道宽度的选择。

饭店对分销渠道宽度的选择可考虑以下三种策略:①广泛分销策略,即通过尽可能多的中间商进行销售,以便顾客购买。②选择性分销策略,即在一定的市场区域内只选择少数几个较好的中间商经销本饭店的产品和服务。采用这种策略的目的是加强与中间商的联系,提高渠道成员的销售效率。与广泛分销策略相比,采用选择性分销策略可以降低分销成本,加强对渠道的控制。③独家分销策略,即在一定的市场区域内只选择一家经验丰富、信誉卓著的中间商进行销售,要求该中间商只经销本饭店的产品和服务。采用这种策略的目的是提升饭店产品和服务的市场形象,提高售价,促使中间商竭尽全力销售本饭店的产品和服务,并加强对中间商定价、促销、信贷以及各种服务的控制。

(3)渠道成员的选择。

饭店在选择渠道成员时主要应考虑以下因素:①中间商的经营范围。中间商的经营范围必须与饭店目标市场相一致。例如,如果饭店的目标市场是欧美旅游者,那么被选中的中间商就必须是以经营欧美旅游团为主的旅行社。②中间商的市场经验及市场反馈能力。市场经验丰富的中间商一般销售实力较强,销售效率较高,同时能够及时地向饭店反馈有关饭店产品和服务的市场信息,如宾客喜好、购买习惯、旅游者流向等,这会为饭店完善营销策略,更好地满足宾客的需求创造有利条件。③中间商的经营实力。饭店选择中间商时,必须考虑其经营规模的大小和财务调度能力的高低。中间商经营规模的大小直接决定着其为饭店带来的预订量和销售额的大小,而中间商的财务调度能力则体现着其抗风险水平。此外,营销人员还必须综合考虑中间商的经营历史、发展趋势、市场声誉、客户特点、网点分布以及与本饭店合作的可能性等因素。

(四)促销策略

在整个饭店市场上,同类产品或服务的提供者众多,在产品的现实和潜在供给能力大于市场需求的情况下,所有饭店都面临着由于消费者可能购买别人的同类产品而使自己的产品无法卖出的威胁,并且这种威胁日趋尖锐。而促销就是消除这一威胁的有力手段。

促销是指饭店为了激发宾客的购买欲望,影响他们的消费行为,扩大产品的销售而进行的一系列联系、报道、说明等促进工作。促销在最初的饭店经营活动中是从信息传递开始发展起来的。然而,现代市场营销在向宾客传递信息的过程中,已不满足于仅仅将饭店自身和产品的有关信息不加筛选地传递给所有消费者,它要求饭店在对消费者潜在需求进行调查分析的基础上,将最能激发消费者购买欲望的信息以恰当的方式传达给目标消费者。所以,促销又可理解为,饭店在了解宾客需求的基础上,为扩大和保持产品销售,将特定的信息在特定的时间和特定的地点,以特定的方式传达给特定的宾客。

促销作为饭店与市场联系的主要手段,包括了多种活动,其中主要有广告、公共关系、营业推广、内部促销、人员推销、直接邮寄、形象促销等内容。

促销策略是指对促销对象或领域、促销任务、促销目标、促销效果、促销投入、各种限制条件等进行科学的选择、配置、控制和分析,使信息宣传、沟通手段和过程系统化、规范化,尽量提高促销活动的效果、效率,使促销活动低投入高产出。

在设计促销组合策略时,为了保证促销活动的有效性,饭店应周密考虑各种不可控因素或不确定因素对促销活动可能发生的影响以及相应的对策。当然,在分析限制因素时,饭店应本着抓住重点、照顾一般的原则,合理分配精力、物力和财力,防止主要精力被众多的小事所牵制。

产品策略、价格策略、分销渠道策略和促销策略犹如饭店企业这辆汽车的四个轮子,共同决定着饭店企业营销活动的成败。因此,饭店应加强对这四大策略的有效实施和控制,提高整体营销效果。

二、饭店新型营销组合策略

20世纪90年代以来,为有效提升服务业的营销效果,营销专家根据服务业的基本特点,提出"4Cs"营销组合策略,即为有效提升营销效果,服务型企业应注重宾客(customer)、消费成本(cost)、便捷(convenience)、沟通(communication)的有机组合。以饭店为例,饭店企业在开展营销活动时,应综合考虑宾客的需求及满意程度、宾客愿意承担的消费成本、宾客购买产品的便利性以及饭店与宾客之间的双向信息沟通。

(一)"4Cs"营销组合策略的基本内涵

1.宾客

饭店市场发展至今,已形成一个典型的买方市场,因而饭店企业营销的重要任务是寻找宾客、发现宾客、吸引宾客。基于这一市场现状,饭店企业应将宾客作为饭店营销活动的出发点和归宿点,着眼于研究宾客的需要和欲望,根据宾客的购买能力分析不同宾客的消费需求,在产品设计、价格定位、分销渠道以及促销模式的选择上充分考虑不同宾客的特殊性,以期获得宾客对饭店产品的认同。

饭店应对宾客的需求时刻保持敏感。国际旅游业内普遍认为,宾客需求信息是饭店最珍贵的资料。谁掌握了宾客需求信息,谁就是赢家,谁就有可能成为管理大师、营销大师。因而饭店要在内部建立"眼对眼"的观察机制,饭店工作人员要善于发现、预见宾客需求,特别是一线工作人员要有积极寻找服务、寻找有效信息的精神,并具备对宾客需求作出敏捷反应的能力。饭店在营销过程中尤其应突出满足宾客特殊需求的能力,并将其付诸行动。满足宾客特殊需求的能力现已成为饭店产品质量中最有价值、最重要的部分,具备满足宾客特殊需求的能力,往往表明饭店具有超越同行的产品质量。

2.消费成本

现代饭店面临的宾客具有"经济人"的显著特征,他们总希望以较少的投入获得较大的收益。因而如何减少宾客消费总成本是饭店营销要考虑的重要问题。值得注意的是,宾客的消费成本是一个综合概念,它包括以下成本:

(1)货币成本。即宾客购买、消费饭店的产品所支付的货币总和。

(2)时间成本。即宾客在购买饭店产品时所付出的时间代价。

(3)体力成本。即宾客在购买饭店的产品时所耗费的体力价值。

(4)精力成本。即宾客在购买饭店产品时所承受的心理代价,也就是宾客的精神成本。

(5)信息成本。即宾客在收集饭店产品有关信息时所耗费的成本。

饭店应尽量减少宾客的消费总成本,让宾客意识到自己购买的产品是最经济、最实惠的产品,从而获得最大的满意。

3.便捷性

饭店在营销过程中,特别是在营销渠道的设计和选择上,应充分考虑这种营销渠道能否使宾客便捷地购买到其感兴趣的产品,应考虑"如何在最接近宾客的地方出售产品和服务"。

互联网的兴起和发展使得饭店在客源市场全球化分布这一大背景下也能为宾客创造一个良好的营销通道。因而饭店在营销渠道的设计上,除了保持传统的营销渠道外,还要研究网站的设计、推广和运用。

4.沟通

营销过程是饭店与宾客的相互沟通过程,并且随着宾客消费能力的提高,在这种互动关系中宾客将占据主动地位。因而饭店应树立"营销即沟通"这一理念,既要加强内部互相沟通,又要加强与宾客的沟通。

饭店内部沟通包括管理人员与服务人员之间的沟通以及部门与部门之间的沟通。在饭店内部沟通中,首先要加强管理人员与服务人员的沟通,这种沟通,可以使管理人员及时向服务人员提供信息(尤其是经常向服务人员提供有关服务质量的反馈),使服务人员能清楚地了解自己的作用、管理人员的期望、企业的经营目标等;服务人员可使管理人员更多地了解有关宾客需求的信息,这有利于他们科学地作出决策,及时纠正决策中的一些偏差,制定客观的服务质量标准和切实可行的服务经营策略。在饭店内部沟通中还要加强部门之间的沟通,特别是营销部门与其他部门之间的沟通。饭店应保证营销部门能及时获取饭店内各种最新信息。

外部沟通的实施同样需要贯彻全员沟通理念。饭店的管理者和每一位员工都必须认识到,营销工作不只是营销人员的事情,饭店的每个岗位都是吸引客人的因素,都具有发挥创造性的潜力。因此每个饭店从业人员都应充分利用与宾客接触的机会,在宾客心目中树立起良好的形象,同时尽可能地为饭店收集更多的信息。

(二)"4Cs"营销组合策略的缺陷

概括言之,"4Cs"营销组合策略以宾客需求为导向,与以市场为导向的"4Ps"相比,有了较大的突破。但从市场发展趋势看,"4Cs"存在以下不足:

1.宾客需求的合理性问题

"4Cs"以宾客需求作为营销活动最主要的任务和目标,但宾客需求有个合理性的问题。对宾客而言,追求收益最大化始终是其不变的消费取向,特别是对低价格的要求永无止境。而作为经济主体的饭店也要考虑其收益平衡。若是一味追求宾客需求的全面满足,饭店企业所付出的成本将会大幅增加。因而,从长远来看,饭店企业应考虑两者利益的均衡,考虑宾客利益的合理程度。

2.饭店企业营销的主动性问题

"4Cs"以一种"迎合宾客的态度"要求饭店企业在营销过程中被动地去发现、满足宾客需求。这一策略体现了浓厚的"被动适应宾客需求"的色彩。为此,饭店企业在实践这一策略时,应考虑怎样以更好的方式在饭店与宾客之间建立一种新型的、互动的、对等的营销关系。

3.竞争对手研究的问题

面对竞争日趋激烈的市场,饭店企业不仅要考虑宾客需要,而且应重视竞争者,要准确分析自身在竞争中的优劣势,在竞争中发展。而"4Cs"策略在扩大宾客作用的同时却忽略了对竞争者的关注和研究,具有一定片面性。

(三)"4Rs"营销组合策略

针对"4Cs"存在的问题,美国学者 Don E. Schultz 提出了"4Rs"营销组合策略。他认为,现代企业营销的关键在于能否与消费者建立关联(relative)、能否提高市场反应速度(reaction)、能否开展关系营销(relation)、能否得到回报(reward)。根据这一理论,面对竞争性市场中动态性的宾客,饭店企业要赢得长期稳定的市场,就要做到:

(1)通过某些有效的方式与宾客建立一种互助、互求、互需的关系,减少宾客流失。

(2)建立快速的市场反应机制,提高反应速度和应对能力。

(3)注重关系营销,把服务、质量和营销有机结合起来,通过与宾客建立长期稳定的关系实现长期拥有宾客的目的。

(4)注重营销活动的回报。一切营销必须以为宾客及企业创造价值为目的。回报是维持和发展市场关系的必要条件。

无论何种营销组合策略,都有其适用的企业和适用的市场,因而饭店企业应根据外部环境和自身条件,适时选择合适的营销组合策略,并将其综合运用,以提高营销效果。

第三节 饭店营销创新

随着饭店市场的日益成熟,行业竞争日趋国际化、全球化。在这种新形势下,出现了一些新型的营销理念。这些营销理念丰富了饭店营销管理的内容,推动饭店营销活动走上了一条全新的道路。

一、网络营销

随着信息技术的迅速发展和广泛应用,网络正以革命性的力量改变着人们的生活方式。对于饭店企业而言,网络营销蕴藏着无限的潜力。如何有效地利用信息网络来开展营销工作,已成为饭店业面临的重大课题。

(一)网络营销的概念及特点

网络营销,英文译作"cyber marketing"或"online marketing",它是指以互联网为传播手段,通过对市场的循环营销传播,达到满足消费者需求和商家需求的过程。网络营销是目标营销、顾客导向营销、双向互动营销、远程全球营销、无纸化营销、自助式营销等一系列先进营销方式的综合体。

网络营销的价值在于它可使生产者与消费者之间的价值交换更便利、更充分、更有效率。与其他营销方式相比,网络营销具有以下特点:

1.全球化

互联网技术使企业的商业活动向全球化的方向发展。加入互联网,企业经营者不仅可以即时获得有关政治、经济、社会、文化等方面的最新信息,还可以与世界各地的人们和组织进行直接的交流。互联网就像一个通往世界的窗口,使这个世界变得更小了。

2.个性化

与传统营销方式相比,网络营销具备较强的个性化特征。互联网技术赋予了消费者更大的自由选择权,个性消费的回归使消费者的主动性大大地增强。网络营销可以使企业与顾客进行即时、有效的交流,实时地了解顾客的消费倾向,从而能够使顾客的个性化需求得到最大限度的满足。

3.跨时空性

由于互联网能够超越时间约束与空间限制进行信息交换,因此使得脱离时空限制进行交易成为可能。企业可以每周 7 天、一天 24 小时不间断地为顾客提供全球性的营销服务。

4.经济性

对企业而言,采用网络营销方式可以提高服务效率,拓宽信息渠道。这样,企业在进行交易时可以节省大量的时间和资源。对顾客而言,足不出户就可以了解产品的相关信息,选择和预订自己所需要的产品,即刻完成身份确认并支付所需的电子货币,省去了许多琐碎的手续和程序。

(二)网络营销在饭店业的应用

1.网络调研

调研市场信息,可以从中发现消费者的需求动向,从而为市场细分、定位目标市场提供依据,这是大部分饭店开展营销活动的重要内容。网络能够及时地提供大量的信息,这为市场调研工作提供了巨大的帮助。

饭店可根据不同的情况、不同的目的采用不同的调研方法。营销人员可在饭店网站上发出电子调查问卷,通过提供各种奖励的方式来吸引客户参与调研,然后利用计算机对访问者反馈回来的信息进行整理和分析,即可得出调研结果。营销人员也可以先收集目标顾客的电子邮件地址,然后直接向他们发送电子调查表,请他们对电子调查表中所列的问题一一作答。饭店还可以在新闻组中提出一些与饭店有关、但不是纯商业性的问题,吸引访问者参与讨论,从而获得相关的市场信息。为了向访问者提供完整的信息,提高调研的准确性,饭店可以建立"虚拟展厅"或网络消费论坛,借此了解宾客的各种意见和建议。

2.网络广告

无论是传统广告还是网络广告,其本质都是通过与目标受众的有效沟通,最终达到使目标受众作出购买决策的目的。网络广告相对于传统广告具有高扩张度、跨越时空限制、内容详尽、形式多样、更新及时、反馈可测性高等优势。

随着网络技术的不断发展,网络广告的形式也在不断创新。目前发布网络广告的方式主要有以下 6 种:

(1)利用自己的网站来发布广告。在这种情况下,饭店可对广告的内容、画面结构、互动方式等进行全面的、不受任何约束的策划。但这种广告方式要求饭店的网站必须能够提供丰富的信息,有较高的访问率。如果饭店的网站只发布广告,不能提供其他信息,那肯定不会有众多的访问者。饭店的网站无人问津,网站上的广告效果自然不会好。

(2)在他人的网站上发布广告。为了达到尽可能好的效果,饭店应选择访问率高的网站发布自己的广告。但饭店所选择的网站应有明确的受众定位,这样才能将广告有效地传送给饭店的目标受众。

(3)使用旗帜广告交换服务网络。即网络加盟者之间本着互惠互利、互相免费的原则,开展全球范围内旗帜广告的交流活动。这一网络是以等量交换为原则的,所以只有提高本饭店主页的访问率,才能将自己的旗帜广告更多地投放到别人的站点上,使本饭店图标的点击数成倍地增加。

(4)利用其他媒体发布广告。即在传统广告中加入一条类似于地址的 Web 网址,从而将人们吸引到自己的网站上来。

(5)电子邮件广告。饭店根据自己的客户信息建立电子邮件列表,或通过正常渠道购买他人的邮件组,此后便可以定期向这个邮件组发送广告信息了。

(6)使用新闻组发布广告。组建议题不同的讨论组,然后在这些讨论组中发布广告,是一种经济、实用的方式。

3. 网络预订

网络预订主要通过下列方式来实现:

(1)计算机预订网络。由企业运营的计算机预订网络主要有两种:中央预订系统(central reservation system,CRS)和全球分销系统(Global distribution sys-tem,GDS)。中央预订系统通常由大型饭店集团建立和拥有,如假日集团的 Holidex,马里奥特的 Marsa 和喜达屋的 Reservation。这些系统由遍布于客源地的预订中心办公室组成。各办公室通过网络及免费电话与顾客进行沟通,为顾客预订所有成员饭店的产品提供服务。在集团内部,各成员饭店通过计算机联网,实现客户、价格、产品等信息的共享。全球分销系统是由航空公司订票系统发展而来的。

20 世纪 80 年代之后,该系统不仅可以预订机票,而且能够预订饭店、出租车以及景点和剧院门票等。全球分销系统将各种旅游及相关企业整合其中,目前在西方已成为旅游产品的主要销售途径。

(2)营销联合体。这是指由专门的组织或饭店建立的、旨在联合促销和销售的联营组织。由于单个饭店无力单独积聚进行经营所必须具备的巨额资金、先进技术及市场营销设施,或是由于风险太大而不愿单独冒险,或是期望能带来更大的协同效应,一些组织和饭店组成营销联合体,在营销领域开展广泛的合作,其运作模式与中央预订系统相似。世界著名的"世界一流饭店组织"(The Leading Hotel of the World)、"小型豪华饭店组织"(Small Luxury Hotels)、"SRS 世界饭店组织"(SRS World Hotels)、"高峰饭店与度假饭店组织"(Summit Hotels&Resorts)和"斯特林饭店与度假饭店组织"(Sterling Hotels&ResoIts)等都是典型的饭店营销联合体。

(3)网上旅游公司。随着旅游产业规模的扩大和技术的发展,基于计算机和因特网的分销渠道应运而生。目前许多网上旅游公司通过网络进行 B2B 和 B2C 的产品组合与分销,其销售模式为:旅游产品生产者—网上旅游公司—顾客。饭店可通过网上旅游公司这一平台为宾客提供预订服务。

二、分时营销

分时度假源于 20 世纪 60 年代的法国阿尔卑斯地区,70 年代被引入美国后获得了迅速发展,此后逐步发展成为一种风靡世界的度假方式。分时营销正是一种基于分时度假的思想发展而形成的营销方式。

(一)分时营销的概念

分时营销是指饭店将客房的使用权分时段出售给顾客,顾客购买了某一时段的使用权后,可以享有转让、馈赠、继承、分时使用等系列权益以及对公共配套设施的优惠使用权。

1.分时使用

分时营销的内涵之一在于把饭店客房的使用权按时段进行分割,不同顾客购买不同时段的使用权,顾客购买了某一时段的使用权后可以在每年的这一特定时段使用该饭店的客房。按照国际通行的惯例,一般将饭店或度假村客房每年的使用期分为52周,将52周中的51周出售给顾客,剩下1周用于维护保养。也就是说,饭店可以将一间客房的使用权分51周卖给51个顾客,顾客每年可以拥有一周的使用权,使用年限一般为20~40年。

2.分时交换

分时营销对顾客最大的吸引力在于分时交换的理念。当顾客决定某一年不在其所购买的时段使用饭店客房时,可以用自己的时段去交换同属一个交换服务网络的任何一家饭店另一个时段的使用权。全球现有100多个国家的5000多家饭店加入了分时交换联盟,这为消费者提供了广阔的选择空间。

(二)分时营销的运作关系

典型的分时营销过程包括饭店、销售代理商、交换公司、购买者四方之间的6种关系。

1.饭店与购买者之间的关系

在直接销售的情况下,饭店与购买者之间是买卖关系,即饭店将客房未来一定期限内的时段使用权销售给购买者,双方以销售合同明确各自的权利义务。

2.饭店与销售代理商之间的关系

饭店与销售代理商之间是委托代理关系,即饭店企业委托销售代理商销售其分时产品,销售代理商按照双方委托代理合同的授权对外销售饭店的分时产品。

3.饭店与交换公司之间的关系

饭店与交换公司之间是一种加盟关系,即通过双方的自由选择,交换系统批准符合条件的饭店将自己的分时产品加入交换系统的储备库中,与其他饭店企业进行交换。饭店则向交换系统公司支付相关费用。

4.销售代理商与购买者之间的关系

销售代理商与购买者之间属于商业买卖关系,代理商按饭店的委托授权向购买者销售饭店的分时产品。饭店企业在销售代理商向购买者销售时权时,对自己在委托合同中的承诺负责。销售代理商在委托代理权限之外发生的其他问题,则需由销售代理商承担法律责任。

5.交换公司与购买者之间的关系

购买者与交换公司之间属于服务产品的消费者与提供者之间的关系。购买者在使用网络交换系统进行分时交换时,需向交换公司支付费用。交换公司主要通过提供网络交换服务来获得收益。

6.开展交换的购买者之间的关系

购买者如果通过交换系统与其他购买者进行交换,两者之间就成为通过合约形成的商业交换关系。因为购买者在将自己的房产使用权投入交换系统储备库的同时,明确表达了自己所希望得到的饭店分时产品的有关要求。这实际上就是发出要约。若双方条件彼此符合,交换系统将作为中介机构按统一制度规定的顺序将彼此符合条件的购买者联络到一起,实现分时交换。

(三)分时营销的运作方式

根据操作主体的不同,饭店分时营销的运作方式可以分为双边式、三边式和多边式三大类。

1. 双边式

双边式是分时营销最初始的一种模式,因此其运作过程也较为简单。大部分饭店组建自己的一个客户网络,然后将客房每年一定时段的使用权以极其优惠的价格提供给客户。购买者可以是个人,也可以是企业,一般用于度假或商务活动。这可以提高饭店的入住率,拓展客源,提高综合效益。

2. 三边式

分时产品具有一定的特殊性,因此必须采取有别于其他饭店产品的销售方式。而且,饭店的分时产品对于大部分消费者来说是一个新名词,其"先付费,后消费"的操作模式也很容易引起误解。所以,专业的销售公司便应运而生。无论在行政级别上这些销售公司是否隶属于饭店企业或其上级集团公司,在运营过程中,它们始终与饭店企业保持着委托代理关系。

3. 多边式

当分时交换系统出现以后,整个运作过程又有了根本性的变化。因为分时交换系统起到了一个中介作用,帮助购买者按照其意愿实现饭店时权的相互置换,这就在相当程度上扩大了市场范围,并进一步体现了专业化分工。专业的分时交换系统公司通常会把所有的时权信息进行整理归类,按照提交申请的先后次序及相应的匹配条件来进行严谨的交换,并从中收取手续费。这样,即使是不同饭店、不同销售公司提供的时权产品,购买者也可以通过专业的分时交换系统公司实现置换。显然,多边式的交换程序比前两种要复杂得多,但却更好地满足了消费者的需求,更体现了分时营销的代表性、先进性。

三、主题营销

饭店市场供过于求、宾客讲求个性消费已是一个不争的事实。面对这种压力,"如何脱颖而出、木秀于林"成为饭店营销研究的重点。时下,主题营销成为这种市场态势下一种有效的营销策略。它以差异性、文化性作为饭店企业的经营买点,成为饭店营销的新策略。

(一)主题营销的内涵

主题营销是指饭店企业根据自身特色、时令季节、消费时尚、顾客需求、社会热点等因素有意识地发掘、利用或创造某种特定主题来实现经营目标的一种营销方式。主题营销的最大特点是赋予一般的营销活动以某种主题,围绕既定的主题来营造饭店的气氛,即饭店内所有的产品、服务、色彩、造型以及活动都为主题服务,使主题成为顾客可识别的特征和产生消费行为的刺激物。

1. 差异性

饭店主题营销的特色就在于强调差异,即饭店通过塑造一种独特、新颖的情景或形象,使自身的产品或服务能提供超越竞争者的价值,以此达到吸引目标顾客的目的。主题营销的差异性首先表现在目标市场定位上。主题营销要求饭店企业在进行市场调研和科学的市场细分的基础上,对目标顾客群进行准确的定位。如果目标顾客群定位准确,就能有效地避开竞争,建立"几乎没有竞争的优势"。其次,主题营销的差异性具体表现为客房装饰、菜肴糕点、桌椅餐盘、员工服饰等有形的差异和主题文化、服务流程、个性化关怀等无形的差异。此外,主题营销的差异性还表现在促销方式上。合适的促销方式能给顾客以强烈、有效的刺激,从而激发目标顾客的消费需求。但由于促销具有短期性的特点,所以促销技巧的选用要考虑顾客内在的真实需要与欲求。

2.文化性

文化是主题营销的源泉和根本,是引导饭店顾客参与主题活动和进行相关消费的深层次原因,因此,如何挖掘主题的文化特色是主题营销的关键所在。对于欲塑造主题特色与品牌的饭店来说,其营销重点不是具体的产品和品牌,而是主题中所蕴含的文化底蕴。饭店主题产品和主题品牌只是主题文化的具体表现形式,主题文化还可以通过制度、消费程序、饭店日常惯例、场地氛围等其他形式表现出来。主题营销的文化性要求饭店不仅要重视顾客在消费过程中所获得的物质享受,更要注重顾客对于特定主题所产生的文化上的共鸣。

(二)主题产品的设计与组织

1.主题饭店

主题饭店的概念起源于美国,著名的迪士尼度假俱乐部、太阳国际度假公司等都是经营主题饭店的专业机构。近年来,主题饭店在地域上呈全球化分布趋势,并且可供选择的主题也趋向多样化,从原来单纯的与地理环境特征相一致的主题发展到音乐、博彩、历史传说、体育活动等各种主题。在经营管理、营销策划、装修构思等方面均融入了新思路。

与传统饭店相比,主题饭店从某一主题入手,把服务项目与主题相结合,以个性化的服务代替刻板的服务模式,体现出饭店对顾客的尊重和信任。饭店不再单纯是住宿、餐饮消费的场所,更是以历史、文化、城市、自然等不同文化吸引宾客参与的舞台。

创建主题饭店的关键在于饭店主题的选择。饭店应根据自身的特色、消费的时尚、竞争对手的状况等因素,因地、因时、因人,选择不同的主题。这些主题包括民俗地域型、历史文化型、回归农家型、文学艺术型、娱乐文化型以及运动休闲型主题等。一般来说,饭店在选择主题时最难解决的是主题的大众性与独特性的平衡问题。对饭店而言,主题的大众性意味着有足够的客源但缺乏差异性,而主题的独特性虽可彰显饭店的差异性,但又给饭店带来缺乏客源根基之隐忧。原则上,主题饭店一般不宜走时尚化的设计思路,可采取试探性营销模式,分期分批开发设计产品,在推陈出新的基础上,形成系列化产品,稳步发展。

2.饭店主题活动

饭店主题活动是指饭店企业在对消费需求进行科学分析的基础上选择适当的主题,然后围绕这一主题而开展的各种营销活动。较之其他活动,主题营销活动的优点在于重点突出,容易给人留下深刻的印象。

饭店可依靠自身的力量,单独组织各项主题活动,也可以联合有关单位(如竞争对手、政府部门等)共同策划、组织主题活动。饭店企业在策划主题活动时,应不断研究消费需求以挖掘"对路"的新卖点。鉴于此,饭店可根据一些时尚消费趋势,每月(或每季度)推出一个主题活动来引导消费,同时将饭店的环境、服务、品牌和文化融入主题,进行全方位展示,以形象促消费;也可根据饭店的主题定位,策划各类主题活动,强化饭店的主题特色。

四、绿色营销

工业革命以来,在社会生产力获得巨大发展的同时,危及人类文明存在与发展的全球性问题不断显现。严重的生态危机、环境污染已影响到人们生活质量和生活水平的提高,人们开始重新审视现行的生活和消费方式。从 20 世纪 70 年代起,以保护环境、保护地球为宗旨的"环保运动"在全球发展起来。1987 年世界环境与发展委员会主席布伦特兰女士在题为《我们共同的未来》的报告中首次提出可持续发展的概念,这一概念一经提出便得到世界各国的普遍认同。从此,绿色经济、绿色产业、绿色消费等概念应运而生。绿色营销正是在绿色消费的驱动下直接产生的。

(一)绿色营销的含义

绿色营销是组织以环境保护和可持续发展观念为其经营哲学思想,以绿色消费为中心和出发点,以绿色文化为价值观念,在满足顾客绿色消费需求的前提下,为实现组织目标而进行的营销活动。其宗旨有三:一是节约材料耗费,保护地球资源;二是确保产品安全、卫生、方便地被使用,以利于人们身心健康和生活品质的提升;三是引导绿色消费,培养人们的绿色意识,优化人们的生存环境。绿色营销考虑的是组织活动同自然、社会环境的关系,谋求的是社会的可持续发展。

(二)饭店实施绿色营销的基本措施

1. 实施绿色管理

所谓绿色管理就是将环境保护和可持续发展观念融入饭店的经营管理活动中。目前,国际上通行的做法是推行"5R"原则:研究(research),就是把环保纳入饭店的管理决策中来,重视研究本饭店的环境对策;减削(reduce),通过采用新技术、新工艺、新材料,减少或消除有害废弃物的排放;再开发(rediscover),积极开展研发活动,变传统产品为绿色产品,积极创造绿色品牌;循环(recycle),对废弃物进行回收处理,循环利用;保护(reserve),积极参与环境整治活动,培养员工环保意识,树立饭店绿色形象。

2. 推出绿色产品

产品是营销的基础,所以饭店实施绿色营销必须注重绿色产品的开发。首先,饭店应开辟绿色客房。从严格意义上讲,绿色客房内的所有用品都应是绿色产品,地板使用天然木材或石料,家具选择天然的木、藤制品或玻璃器皿,床上用品则选用纯天然棉麻织物,同时在客房内配置绿色文具、绿色冰箱、节能灯具等。客房使用的物品要尽可能地反复使用,推迟物品的重置时间。其次,饭店应严把采购关和生产关,为客人提供绿色食品和饮料。在采购时,饭店应控制好货源,确保不购买任何含有化肥、农药、激素的蔬菜果品及肉类。在餐饮生产过程中,要严格遵守环保法令,做到清洁生产,并按照环保要求对餐饮器具和废弃物进行处理。

3. 进行绿色促销

绿色促销就是围绕绿色产品而开展的各项促销活动的总称。饭店可以通过人员推销直接向消费者宣传饭店的环保措施;饭店的广告应注意强调饭店产品的绿色特征,宣传饭店的绿色形象,刺激消费者的绿色消费需求;饭店还应通过公关活动让公众了解到本企业在环境保护方面所作的努力,从而在公众中树立起绿色健康的形象。

知识拓展6－4

微博营销

思考题

1. 什么是饭店市场营销?
2. 饭店市场营销观念的发展大致经历了哪几个个阶段?
3. 饭店市场营销活动的基础环节有哪些?
4. 试论述饭店市场营销组合"4Ps"的营销策略。
5. 如何进行饭店市场营销创新?

案例分析

案例1:酒店电子商务有新突破——与机票同步预订

2010年1月,国航(中国国际航空公司)与EAN(Expedia Affiliate Network)确立了独家合作伙伴关系。国航全球27个海外市场的旅客都可以购买到EAN旗下的酒店产品及服务,此次,国航大改以往保守的姿态,在与其最大分销商携程保持合作的同时,暗地里与EAN确立了独家合作伙伴关系,推出27个国际网站上提供11种语言的机票和酒店同步预订服务。首次实现了为全球旅客在线提供机票酒店同步预订服务。双方合作后,国航旅客可以在包括澳大利亚、巴西、德国、印度尼西亚、意大利、韩国、俄罗斯、西班牙、瑞典、阿联酋、英国和美国在内的27个国家和地区同步预订机票和酒店。酒店电子商务也因此又被提上日程。

利用酒店网络销售系统进行酒店营销创新,可以有效展示酒店形象和服务,建立良好的客户互动关系,实现高效管理与销售,降低销售成本,提高经济效益和管理水平,还可以拓宽酒店销售市场,扩大预订消费群体,可以给酒店业经营增加新的销售渠道。通过酒店电子商务,还可以使酒店产品有形化,增强预订群体对酒店产品的信任度。

目前,我国酒店电子商务整体发展尚处在起步阶段,具有广阔的发展前景,但受整体发展环境的影响,体系的构建仍面临多方面因素的困扰。从酒店业者的角度来说,尽管网络经济发展迅速,但网上营销观念还没有完全被酒店经营者所接受,网上促销、网上预订以及网上结算,对许多酒店来说还是比较陌生的,许多饭店对网上促销和网上宣传效果缺乏足够的认识和实践;从消费者的角度来说,虽然网络已成为现代人生活的一部分,然而由于电子商务法律法规仍存在一定的缺陷,所以我国大部分地区的消费者对电子商务的应用还不太信任。两方面因素在很大程度上给酒店企业的电子化进程带来了严重的阻碍,制约了我国酒店企业电子商务的发展。

此次国航首次实现机票与酒店同步预订,是酒店电子商务的一次进步和突破,随着互联网技术的应用与发展,相信上述问题都可以在不太长的时间内解决。酒店经营者要想在竞争中取得优势,必须克服以上制约因素,充分利用互联网所提供的超越时空的资源,大力发展酒店企业的电子商务。

(资料来源:赵迁远.现代饭店市场营销[M].武汉:武汉理工大学出版社,2012.)

思考:

1.国航与 EAN 确立了合作伙伴关系,你认为双方将如何实现共赢?

2.随着计算机和网络技术的发展,你认为将对饭店的销售渠道产生什么样的影响?

案例 2:区分时段的弹性房价

老杰克与妻子计划同儿子帕尔默全家、女儿海伦全家共赴佛罗里达州的棕榈湾游玩,休假一周。由于父母与儿女分居美国东西海岸,故约好分别开车去下榻处——卡尔迪饭店。老杰克与妻子先到饭店,入住每天 120 美元的标准房。杰克在总台要求打折,服务员说:"上午入住,我们收全价,不能打折扣,如您下午、晚上入住,将享受更优惠的价格。"杰克挑了一间朝向大海的房间,心想尽管多付了些钱,但天天可眺望大海、沙雄、树林和晒日光浴的人群。同时,他又暗自祈祷,希望儿女们、年幼的孙辈们晚些抵店,以节省一些房钱。

女儿一家于下午 5 点抵达,房价已降到 90 美元。儿子一家来得最晚,总台上房价已降到 60 美元。帕尔默夫妇解释说,他们一清早就从纽约郊外长岛的住宅出发,本来可以在下午 4 时到达,但因汽车中途抛锚,请人用拖车拉到修车铺,修了 4 个多小时,所以晚上 8 时才到达。修理费用了 300 美元,但这些损失却从客房折扣中得到了补偿。他们得意了没几天,就从其他游客那儿得知,晚间 11 时前后,只要还有空房,标准间房价仅 40 美元,套间、豪华房间也仅收一半的价钱,比周围的其他酒店便宜得多。原来,该酒店实行弹性房价制,将全天 24 小时划分成不同的时间段,以上午 10 时前后为标准价(门市价),下午、傍晚、深夜分别推出较低的价格,以吸引那些犹豫不定、尚在选择之中的客人,显示出价格竞争上的优势。当然,第一天的低价后两天也能享受。但三天以后,七天之内恢复原价。事实上,大多数游客一般只住两三天,腾出房间后,饭店仍能获得好价钱。

思考:

卡尔迪饭店是如何运用定价技巧取得最佳经营效益的?

案例拓展 6-1

市场细分永不停息——来自万豪酒店的启示

案例拓展 6 - 2

星级酒店房价的"高标低卖"

案例拓展 6 - 3

北京喜来登长城饭店公共关系营销策略

第七章 饭店设备与物资管理

教学要求

了解饭店设备的特点；

理解设施设备对饭店的重要性,理解饭店设备维修的方法；

理解饭店物资的分类；

理解饭店物资的采购与仓储管理。

第一节 饭店设备管理

一、饭店设备的含义

饭店设备是饭店物质技术装备的总称,具有长期性、多次使用的特性,列为企业的固定资产。饭店设备具有一定的寿命周期,包括如下：

(1)自然寿命：设备从投入使用到自然报废所经历的整个时期。

(2)技术寿命：设备从投入使用到因无形磨损而被淘汰所经历的时间。

(3)经济寿命：设备投入使用后,由于设备老化、维修费用增加,继续使用在经济上不合算而需要更新改造所经历的时间。

二、饭店设备管理的特点

1.综合管理能力强

饭店设备的现代化,使得设备投资额增大,维持费用增加,设备管理的好坏,与饭店经济效益的关系越来越密切,这就要求设备管理者的管理能力要逐步增强。而目前设备的现代化管理已不仅局限于维修保养的纯技术方面。还要涉及经济分析和大量的组织工作和协调能力。譬如,购置设备前所进行的可行性论证,计划的编制,劳动力的组织与安排,与各部门的协调,设备管理的考核、检查、评比以及有关对外联络等。因此,饭店设备的现代化管理,可以说是整个企业管理的缩影,要求设备管理者必须有较强的综合管理能力,这样才能适应饭店不断发展的需要。

2.技术水平要求高

由于饭店设备最能体现现代最新科技成果,所以饭店的一些设备越来越先进,结构也越来越复杂,对设备的运行操作人员和维修人员的要求也越来越高。这就要求饭店设备管理者要不断地更新观念,加强对员工的培训,使其适应不断发展变化的市场的需要,保证饭店设备的正常运转。

3.管理效率要求高

大量的饭店设备设施供客人直接使用,这就要求这些设备设施不允许出现故障和缺陷,一且发现,必须立即修复,各饭店对设备设施的维修工作都有具体的时间限制。所以设备管理工作,特别是维修工作必须高效率、高质量,以达到客人的满意。

4.人员素质要求好

饭店对人力资源的控制极其严格,而设备管理以及维修工作量又很大,劳动形式大部分是分散的,很多是以个人为单位的单项劳动,这就要求工程技术人员责任心强,素质要好,维修能力要强,要一专多能。

知识拓展 7-1

饭店设备日常维护的基本要求

三、饭店设备的使用与维护

(一)饭店设备使用维护的管理制度

设备使用和维护的关键在于每一个员工都正确使用和精心维护所使用的设备,减少设备的故障,减少设备的应急维修,工程部则做好重要设备计划维修,使饭店的设备管理实现规范化。

1.饭店设备的管理制度

对各部门的一般设备,其管理制度主要有:设备的岗位职责、设备使用初期的管理、设备的操作维护规程、管理责任人制度。

2.动力设备管理制度

动力设备的管辖权在工程部,必须严格按照相关的管理制度进行管理,以减少故障,防止事故的发生。机房管理制度包括:凭证操作制度、交接班制度、巡回检查制度、清洁卫生制度、安全保卫制度、机房值班制度、操作规程、维护规程和安全技术规程等。

3.设备润滑管理制度

按计划对各种设备进行润滑工作,以减低机器设备零部件的损坏率,使设备经常处于良好的技术状态。

(二)饭店设备的维修

设备的技术状态劣化或发生故障后,为了恢复其功能和精度而采取的更换或修复磨损、失效的零部件,并对整机局部进行拆装、调整的技术活动称为设备维修。设备维修是使设备在一定时间内保持其规定的功能和精度的重要手段。

1.饭店设备的维修方式

(1)事后维修。

设备发生故障后或性能、精度降低到合格水平以下时所进行的修理称为事后维修。此时,设备已坏,损失已经发生。适用于利用率低,维修技术简单、能及时提供用机、实行预防性维修不合算的设备。

（2）预防维修。

预防为主是饭店设备维修管理工作的重要方针。预防维修有以下两种方法：

①定期维修。定期维修是按事先规定的计划和相应的技术要求所进行的维修活动，是一种以时间为基础的预防性维修方法。适用于已经掌握了磨损规律的设备。特点是事先确定修理的类别、修理的周期结构、制定修理的工艺、确定工作量、提出维修所需要的备件、材料计划。

②预知性维修。预知性维修是一种以设备技术状态为基础的预防性维修方法，它系统地分析设备的劣化程度，并在故障发生前有计划地进行针对性的维修，既能保证设备经常处于完好状态，又能充分利用零件的寿命，所以比定期维修更为合理。

（3）改善维修。

为改善和提高设备的功能，在条件许可的情况下，对设备进行改善性维修，可以提高设备的可靠性。

2.饭店设备的修理类别

（1）小修。

设备小修是工作量最小的一种修理，对于实行定期维修的设备，小修主要是更换或修复在期间内失效或即将失效的零部件，并进行调整，以保证设备的正常工作能力。对于实行预知性维修的设备，小修的工作内容主要是针对日常点检和定期检查中发现的问题，拆卸、检查、更换或修复失效的零部件，以恢复设备的正常功能。

（2）项修。

项修是根据饭店设备的实际情况，对状态劣化已经达不到生产要求的项目，按实际需要进行针对性的修理。项修时，一般要进行部分的拆卸、检查、更换或修复失效的零部件，从而恢复所修部分的性能和精度。

（3）大修。

大修是对饭店设备进行维修工作量最大的一种计划维修。大修时要对设备全部解体，修整所有基准件，修复或更换磨损、腐蚀、老化及丧失精度的零部件，使之达到规定的技术要求。大修的费用较高，且性能难以达到出厂时的技术标准，所以，大修要事先进行可行性分析。

（三）饭店设备的维修的形式

1.委托修理

饭店所有的重要设备是饭店设备管理的重点，委托修理是指饭店把饭店设备的修理工作委托给生产厂家或专业维修公司。这样，可以减少饭店的开支，且使设备得到专业的维修，所以，委托修理是饭店设备维修的重要方式。

2.自行修理

较多饭店采用此种方式，它又有四种形式：计划维修、巡查维修、报修制、万能工维修制。其中，饭店设置万能工，任务就是对饭店所有设备进行有计划的循环检查维修，对万能工的要求较高，万能工还要承担饭店的应急维修工作。

四、饭店能源管理

现代化的饭店，是一个能耗较高的企业，搞好饭店能源管理，既有利于提高饭店的管理水平，又有利于降低饭店的成本，还能为我国经济建设作贡献。

(一)饭店能源的使用概况

1.饭店的能耗

饭店能耗占总营业成本的 4.5％～6.5％,主要有以下几方面:

(1)电力;

(2)热能;

(3)水。

2.能源管理中的问题

许多饭店由于管理不善,造成设备损坏、老化;员工缺乏节能意识,能源浪费严重,造成设备能耗的大幅度增加,饭店必须转变观念,加强节能意识,建立能源管理机构,健全能源管理制度。

(二)能源管理的内容与方法

1.能源管理的内容

(1)建立健全能源管理体系,明确管理职责;

(2)制定并实施有关节能技术措施,完成节能工作任务;

(3)制定能耗定额,认真考核;认真分析研究,解决突出问题。

2.能源管理的方法

(1)建立管理机构;

(2)建立健全能源管理制度;

(3)做好能源的基础工作。

(三)节能措施

1.空调节能

空调的能耗在饭店能耗中占有较大比重,搞好空调的节能能大大降低饭店的能耗。可用如下措施予以降低:慎重设定室内的温度;控制人均新鲜空气量;余热回收;采用变风量空调系统。

2.照明节能

(1)按照饭店等级选定适合的照度;

(2)选择适当的照明用具和照明方法;

(3)采用自控照明装置;

(4)广泛采用节能灯。

3.采用节能新技术

(1)多用变频节电技术;

(2)选择高效的节能设备。

第二节　饭店物资管理

一、饭店物资管理概述

(一)饭店物资管理的定义

饭店的物资管理是对饭店物资资料进行计划、采购、保管、使用和回收,以使它们有效地发挥应有的使用价值和经济效用的一系列组织和管理活动的总称。

(二)饭店物资分类

1.按物资用品的价值构成分类

(1)低值易耗品；

(2)物料用品。

2.按物资用品的自然属性分类

(1)棉织品；

(2)装饰用品；

(3)清洁用品；

(4)服务用品；

(5)玻璃用品；

(6)食品原材料；

(7)餐茶具；

(8)燃料；

(9)印刷品；

(10)维修材料；

(11)办公用品；

(12)消防用品。

3.按客人消耗和价值补偿方式分类

(1)客用多次性消耗物品；

(2)客用一次消耗物品。

4.按物资用品使用方向分类

(1)客用物资用品；

(2)生产产品用料；

(3)办公用品；

(4)清洁和服务用品；

(5)基建、维修用料；

(6)安全保卫用品；

(7)后勤用品。

二、饭店物资管理的任务与特点

1.饭店物资管理的任务

(1)根据饭店的等级规格和接待能力,搞好物资用品配备,保证饭店的等级规格和市场环境相适应；

(2)合理制定消耗定额,为物资用品日常管理提供数量依据；

(3)以消耗定额为基础,确定部门物资用品的资金需要量,加强计划管理；

(4)合理制定储备定额,加强库房管理,严格手续制度,控制物资用品消耗；

(5)定期盘点和分析物资用品使用效果,提高经济效益。

2.饭店物资管理的特点

(1)客人需求的多变性影响着饭店物资管理的规定性；

(2)饭店营销业绩的不稳定影响着饭店物资管理的计划性；

(3)饭店物资的丰富性影响着物资管理技巧的多样性；

(4)饭店部分物资的相对不可储存性影响着物资管理的时效性。

三、饭店物资定额管理

1.饭店物资定额管理原则

饭店物资定额管理原则主要包括：从实际出发、统筹兼顾、参照历史、全面管理、制定制度。

2.饭店物资消耗定额

饭店物资消耗定额指饭店在一定时期、一定的生产技术水平下，为完成某项任务或制造单位产品所必需品消耗的物资数量标准。其方法主要有经验估算法、统计分析法、实物实验法。

3.饭店物资仓储定额

即在一定经营刮目相看下，饭店为保证接待服务质量，保证服务活动不间断地顺利进行所必需的、合理的物资用品储备数量。

四、饭店物资的采购与仓储管理

1.饭店采购管理的主要内容

(1)认真分析饭店所有业务活动的物资需要，依据市场近况，科学合理地确定采购物资的种类与数量。

(2)各业务部门对物资的质量需求与价格需求，选择最为合适的供货商。

(3)控制采购活动全过程。

(4)制定采购各种物资的严密程序、手续和制度，使控制工作环环有效。

(5)制作并妥善保管与供货商之间的交易合同，保证合同合法有效并对饭店有利。

知识拓展7-2

某酒店物资采购岗位职责

2.饭店仓储管理

(1)仓储管理的内容。

仓储管理是物资管理中的一个重要环节。仓库管理的内容包括：物资验收工作、物资发放工作、物资维修保养、废料回收和利用工作、处理呆滞积压的物资、掌握库存物资的动态。

(2)饭店仓储管理的基本要求。

(1)保证物资数量和质量的完整无损。

(2)物资的存放堆码要井井有条、整齐清洁，便于收发、检验、盘点、清仓，物资保管要由专人负责。

(3)掌握各类物资日常使用和消耗的动态,合理控制物资库存量。

(4)各种物资都应设有明细台账,收入、发出、结存要登卡记账,笔笔清楚,要进行抽查和盘点。

思考题

1.为什么饭店设备要采取综合管理的模式?

2.饭店设备管理的原则是什么?

3.饭店设备的使用与维护的相关内容。

4.怎样保障客房用品的日常控制工作?

5.饭店物资管理的内容、特点与原则是什么?

6.饭店仓储管理的内容有哪些?

案例分析

案例 1:卖出的故障房

2017 年 6 月 5 日,3811 房客人李先生从总台开好房间后到达楼层,看到有楼层服务领班和工程师傅正在维修其所开房间的门,客人感觉不好。后客人进入房间准备使用电话,又发现电话有很大的噪音,并且发现电话上的标贴为 3812,与其所住的房间号码 3811 不符。李先生十分生气,一方面认为酒店管理有问题,将正在维修的房间卖给他;另一方面,房间设备管理无序,电话标贴都是错误的。客人致电值班经理,客户关系主任接听到客人的投诉,立即寻找适合更换的房间给客人,并联系到楼面领班协同一起为客人换房,客人发泄一通后,才同意更换了房间。经查,房务部领班在查房时发现 3811 房的门锁故障,临时叫了工程维修,但该房此时已被放出,接待员正好将此房卖给了洪先生,导致后发生一连串的问题,产生投诉。

(材料来源:根据某五星级饭店内部资料改编)

思考:

该酒店的设施设备管理存在哪些问题?该如何避免以上案例的情形出现?

案例 2:酒店如何节能

天津滨海圣光皇冠假日酒店,绿色饭店评定级别:五叶级,客房数 388 间。

酒店自建中水处理站,将酒店的洗浴废水、地下室洗浴房等优质杂排水排入中水站,经处理后供卫生间冲厕、绿地浇洒、道路冲洗等。酒店地下二层设置中水处理站,中水给水由设在中水站内的变频调速设备集中供给;中水处理能力为 20m³/h,用于室内冲厕中水量为 9345.17t,用于车库冲洗的中水量为 780t,用于道路浇洒的中水量为 228.75t,用于绿化灌溉的中水量为 1186.64t,全年用水总量为 49450.17t。经测算投入使用后年节约 3 万余元。

中央空调分区系统,对于客人公共区域和服务区域宴会厅除外的会议厅、餐厅、大堂、游泳池等,空调空气系统均根据负荷特性采用不同类型的压力变风量 VAV 系统,对于有独立控制要求的小房间及客房均采用风机盘管加新风系统。通过使用该系统,冬季节电 140792 千瓦时,夏季节电 72717 千瓦时。

能耗分项计量系统,主要包括电梯、水泵、空调机房、制冷机房、照明等进行能耗分项计量,便于及时发现酒店用能存在的问题,找到能耗过高或不合理运行的设备或系统,指导提出科学用能的管理办法,还可作为节能技术应用成效的客观评价依据。

(资料来源:http://www.xuexila.com/success/chenggonganli/1334477.html.)

思考:

该酒店节能系统带给你什么启示? 酒店还可以采用哪些节能措施?

案例拓展 7 - 1

总算选到了一瓶酒

案例拓展 7 - 2

不同酒店的节能案例

第八章 饭店安全管理

教学要求

了解饭店安全与安全管理的含义；

理解饭店安全管理的意义，掌握饭店安全管理的策略；

理解饭店危机与危机管理的含义；

掌握饭店危机管理的类型与特征，掌握饭店危机处理的方法。

第一节　饭店安全概述

一、饭店安全管理的含义

饭店安全是指在饭店所控制的范围内，前来饭店消费的宾客、饭店财产及饭店员工没有危险、没有威胁、没有事故。饭店安全管理是指为了保障客人、员工以及酒店安全而进行的一系列计划、组织、领导和控制活动，主要包括保卫安全管理、治安安全管理、消防安全管理、卫生安全管理和部门安全管理等内容。

二、饭店安全管理的意义

1.饭店安全管理直接关系到饭店经营管理活动的正常开展

安全是人类生存的一个最基本的需求，也是一个饭店一切活动开展的基础，没有一个安全的饭店环境，宾客的人身安全和财产安全得不到应有的保障，他们根本不会光顾饭店。另外，没有安全作为保障，饭店正常的经营管理活动也根本无法进行，因此，安全是饭店一切活动开展的基础，也是宾客对饭店提出的一个最基本的要求。

2.饭店安全管理直接关系到客人和员工的满意程度

宾客入住饭店，必定有免遭人身伤害和财产损失、自身权利和正当需求受到保护和尊重的安全需求，由于出门在外，他们的这种需求的期望值会比平时更高，因此，饭店安全管理工作是宾客满意的重要保证。另外，饭店安全的工作环境必然也会极大地激发饭店员工工作的积极性，促进饭店员工更加积极地工作，是争取员工满意的基础。

3.饭店安全管理直接关系到饭店形象与口碑

高水平的饭店安全管理必定会给入住饭店的宾客留下难以忘怀的记忆，同时会被客人广为传播。反之，一旦宾客的人身或安全遭到侵犯，宾客就会投诉，甚至诉诸法律，这会给饭店带来极坏的负面影响，影响饭店的声誉，使饭店失去客源。因此，安全管理对饭店树立良好的形象和建议良好的口碑有很大的推动作用。

三、饭店安全管理的策略

1.酒店高层领导高度重视和大力支持安全工作

俗语说得好"火车跑得快,全靠车头带",酒店安全工作也不例外,安全工作好不好,关键在领导。《中华人民共和国安全生产法》明确规定,生产经营单位的主要负责人对本单位的安全生产工作负全责。只有酒店的主要负责人重视安全工作,建立健全安全管理机构,配备并重视安全管理职员,将安全管理工作抓紧、抓实,酒店的安全工作才能弄好,经营秩序才能有保障,才能获得好的经济效益。否则,酒店的安全工作没法正常展开,也不能做到安全经营,安全事故也就可能会接连不断地发生,宾客、员工的安全得不到保障,酒店必定会在经济上遭受重大损失,也会在社会上造成严重的不良影响。

2.认真落实安全生产责任制

酒店的安全管理工作,仅凭领导重视还是不够的,还应将安全责任层层分解并落实下来,明确分工,各司其职,各负其责,在酒店构成安全责任同一体。构成"纵向到底、横向到边"的安全经营管理网络。安全生产责任制是酒店最基本的安全制度,是酒店岗位责任制的一部分,是安全经营规章的核心。它的实质是"安全生产、人人有责"。只有全体员工的共同努力,安全工作才能顺利展开,才能获得实效。

3.制定切实可行的安全生产规章制度和操纵规程,建立完善的突发事件处置程序及预案

饭店应制定和完善各项规章制度和操纵规程,这是展开工作的准绳。安全生产规章制度是以安全生产责任制为核心,它包括安全生产责任制和安全生产管理制度。安全生产管理制度包括员工安全守则、安全赏罚制度、安全检查制度、安全会议制度、安全宣传教育与培训制度、消防管理制度等。对各种装备的操纵,应制定具体的操纵规程。对外来施工单位应与其签订《治安、防火安全协议书》,对用火的均需办理《动火证》。同时,要根据酒店的实际情况,制定突发事件处置程序及预案,使工作有章可循,真正碰到突发事件时才能忙而稳定。制度的制定要具体、有可操纵性,然后就在于落实,要把这项工作当作重要任务来抓,从细微处进手。夸大按章办事,在制度眼前坚持人人同等,对违章者该批评的批评,该处罚的处罚,坚持用制度管人、管事。构成"按章办事、遵章守纪"的良好风气,"建立安全管理永无止境"的理念。

4.开展好安全教育培训工作,提升员工素质和管理水平

安全教育与培训的目的是增强员工的责任感,增强员工的安全意识,提高预防事故、处理事故的能力,确保酒店安全经营的有效措施。通过教育与培训使各级管理职员"精"、普通员工"会"。安全教育与培训要根据不同的时期或不同的教育对象采用不同的教育情势,它的方法很多,比如请领导或专业职员讲课,组织安全方面的活动,举行安全知识比赛、摹拟火场的消防演习等,旨在增强安全意识和操纵的直观感。

5.加强安全检查,消除事故隐患

安全检查不但是国家有关法规的规定,也是酒店做好安全工作的客观要求,是一种行之有效的管理方法。首先是要制定好安全检查制度,其次是认真落实好检查制度,通常可以通过季节性安全检查、平常安全检查、各岗位安全检查、专业安全检查、定期安全检查和重大节日安全检查等制度的落实,到达一个发现并消除事故隐患,避免事故发生的根本目的。

知识拓展 8-1

星级宾馆消防安全管理制度

第二节 饭店危机管理

一、饭店危机与危机管理的含义

饭店容易预见的、可能导致酒店经济遭受损失、声誉受到损害的各类易发性、突发性事件，如自然灾害、食物中毒、火灾等都称为饭店危机。

危机管理是指应对危机的有关机制。饭店危机管理具体是指饭店为避免或者减轻危机所带来的严重损害和威胁，从而有组织、有计划地学习、制定和实施一系列管理措施和应对策略，包括危机的规避、危机的控制、危机的解决与危机解决后的复兴等不断学习和适应的动态过程。

二、饭店危机的特征与分类

(一)饭店危机的特征

1.突发性

危机往往都是不期而至，令人措手不及，危机发作的时候一般是在饭店毫无准备的情况下瞬间发生，给饭店带来的是混乱和惊恐。

2.破坏性

危机发作后可能会带来比较严重的物质损失和负面影响，有些危机用毁于一旦来形容一点不为过。

3.不确定性

事件爆发前的征兆一般不是很明显，饭店难以作出预测。危机出现与否与出现的时机是无法完全确定的。

4.急迫性

危机的突发性特征决定了饭店对危机的反应和处理时间十分紧迫，任何延迟都会带来更大的损失。危机的迅速发生引起了各大传媒以及社会大众对这些意外事件的关注，使得企业必须立即进行事件调查与对外说明。

5.信息资源紧缺性

危机往往突然降临，决策者必须做出快速决策，在时间有限的条件下，混乱和惊恐的心理使得获取相关信息的渠道出现瓶颈现象，决策者很难在众多的信息中发现准确的信息。

6.舆论关注性

危机事件的爆发能够刺激人们的好奇心理,常常成为人们谈论的热门话题和媒体跟踪报道的内容。饭店越是束手无策,危机事件越会增添神秘色彩引起各方的关注。

(二)饭店危机的类型

饭店面临的危机主要有八种:信誉危机、决策危机、经营管理危机、灾难危机、财务危机、法律危机、人才危机、媒介危机。

1.信誉危机

信誉危机是饭店在长期的生产经营过程中,公众对其产品和服务的整体印象和评价。饭店由于没有履行合同及其对消费者的承诺,而产生的一系列纠纷,甚至给合作伙伴及消费者造成重大损失或伤害,饭店信誉下降,失去公众的信任和支持而造成的危机。

2.决策危机

决策危机是饭店经营决策失误造成的危机。饭店不能根据环境条件变化趋势正确制定经营战略,而使饭店遇到困难无法经营,甚至走向绝路。

3.经营管理危机

经营管理危机是饭店管理不善而导致的危机,包括产品质量危机、环境污染危机、关系纠纷危机。

(1)产品质量危机。饭店在生产经营中忽略了产品质量问题,使不合格产品流入市场,损害了消费者利益,一些产品质量问题甚至造成了人身伤亡事故,由此引发消费者恐慌,消费者必然要求追究企业的责任而产生的危机。

(2)环境污染危机。饭店的"三废"处理不彻底,有害物质泄露、爆炸等恶性事故造成环境危害,使周边居民不满和环保部门的介入引起的危机。

(3)关系纠纷危机。由于错误的经营思想、不正当的经营方式忽视经营道德,员工服务态度恶劣而造成关系纠纷产生的危机。如顾客食物中毒、顾客财物丢失等。

4.灾难危机

灾难危机是指饭店无法预测和人力不可抗拒的强制力量,如地震、台风、洪水等自然灾害、战争、重大工伤事故、经济危机、交通事故等造成巨大损失的危机。危机给饭店带来巨额的财产损失,使企业经营难以开展。

5.财务危机

财务危机是指饭店投资决策的失误、资金周转不灵、股票市场的波动、贷款利率和汇率的调整等因素使饭店暂时资金出现断流,难以使企业正常运转,严重的最终造成企业瘫痪。

6.法律危机

法律危机是指饭店高层领导法律意识淡薄,在饭店的生产经营中涉嫌偷税漏税、以权谋私等,事件暴露后,企业陷入危机之中。

7.人才危机

人才危机是指人才频繁流失所造成的危机。尤其是饭店核心员工离职,其岗位没有合适的人选,给企业带来的危机也是比较严重的危机现象。

8. 媒介危机

真实性是新闻报道的基本原则,但是由于客观事物和环境的复杂性和多变性,以及报道人员观察问题的立场角度有所不同,媒体的报道出现失误是常有的现象。一种是媒介对饭店的报道不全面或失实。媒体不了解事实真相,报道不能客观地反映事实,引起的企业危机。二是曲解事实。由于新科技的引入,媒体还是按照原有的观念、态度分析和看待事件而引起企业的危机。三是报道失误。人为地诬陷,使媒体蒙蔽,引起企业的危机。

三、饭店危机发生的原因

(1)我国属于自然灾害多发的国家。沿海地区的风暴灾害;地震带区的地震多发地;南方各大江、河沿岸的洪涝灾害;恶劣天气造成的冰雹灾害;甚至城市改、扩建后排水管网跟不上发展所形成的内涝等,这些不可抗拒的自然灾害都可能给酒店和宾客造成财产和生命的损害,甚至导致"危机"的发生。

(2)我国目前正处在社会转型时期,各种矛盾突出。而酒店所接待的客人又是来自四面八方、良莠难辨,特别容易发生各类治安性的突发事件。对此,酒店如管理不善或一旦疏于防范,处理不慎,必会酿成"危机"。

(3)酒店装修装饰所使用的大量可燃物和其封闭性的结构,特别容易导致火灾等灾难性事故的发生。这里既有内部管理和设备管理、使用的原因,也有一些客人使用不当、不注意甚至故意而为的因素。此类事件一旦发生,将造成严重后果。

(4)酒店餐饮所提供的食品与服务,牵系着千家万户和众多宾客的健康与安全。任何管理工作和服务工作中的管理不严、操作不当、措施不力甚至短期行为均可能造成食物中毒事件的出现,进而引发"危机"的发生。

(5)酒店建筑、装饰、设备等施工的质量、保养、维护问题,广告牌、玻璃窗、建筑物外墙瓷砖从天而降;电梯关人、坠落;饰物、饰画突然砸落伤人;工程未完处不加警示等等都容易导致危机事件的发生。

(6)服务人员因培训不够或应变能力差,管理人员素质不高,处理店、客纠纷不力。

(7)各种事故发生后处理不慎,从而导致的媒体危机。

四、饭店危机处理的原则:游昌乔的危机公关5S原则

1. 承担责任原则(shoulder the matter)

危机发生后,公众会关心两方面的问题:一方面是利益的问题,利益是公众关注的焦点,因此无论谁是谁非,饭店应该承担责任。即使受害者在事故发生中有一定责任,饭店也不应首先追究其责任,否则会各执己见,加深矛盾,引起公众的反感,不利于问题的解决。另一方面是感情问题,公众很在意饭店是否在意自己的感受,因此饭店应该站在受害者的立场上表示同情和安慰,并通过新闻媒介向公众致歉,解决深层次的心理、情感关系问题,从而赢得公众的理解和信任。

实际上,公众和媒体往往在心目中已经有了一杆秤,对饭店有了心理上的预期,即饭店应该怎样处理,我才会感到满意。因此饭店绝对不能选择对抗,态度至关重要。

2. 真诚沟通原则(sincerity)

饭店处于危机漩涡中时,是公众和媒介的焦点。你的一举一动都将接受质疑,因此千万不

要有侥幸心理,企图蒙混过关。而应该主动与新闻媒介联系,尽快与公众沟通,说明事实真相,促使双方互相理解,消除疑虑与不安。

真诚沟通是处理危机的基本原则之一。这里的真诚指"三诚",即诚意、诚恳、诚实。如果做到了这"三诚",则一切问题都可迎刃而解。

(1)诚意。在事件发生后的第一时间,公司的高层应向公众说明情况,并致以歉意,从而体现饭店勇于承担责任、对消费者负责的饭店文化,赢得消费者的同情和理解。

(2)诚恳。一切以消费者的利益为重,不回避问题和错误,及时与媒体和公众沟通,向消费者说明消费者的进展情况,重拾消费者的信任和尊重。

(3)诚实。诚实是危机处理最关键也最有效的解决办法。我们会原谅一个人的错误,但不会原谅一个人说谎。

3.速度第一原则(speed)

好事不出门,坏事行千里。在危机出现的最初 12~24 小时内,消息会像病毒一样,以裂变方式高速传播。而这时候,可靠的消息往往不多,社会上充斥着谣言和猜测。公司的一举一动将是外界评判公司如何处理这次危机的主要根据。媒体、公众及政府都密切注视公司发出的第一份声明。对于公司在处理危机方面的做法和立场,舆论赞成与否往往都会立刻见于传媒报道。

因此公司必须当机立断,快速反应,果决行动,与媒体和公众进行沟通。从而迅速控制事态,否则会扩大突发危机的范围,甚至可能失去对全局的控制。危机发生后,能否首先控制住事态,使其不扩大、不升级、不蔓延,是处理危机的关键。

4.系统运行原则(system)

在逃避一种危险时,不要忽视另一种危险。在进行危机管理时必须系统运作,绝不可顾此失彼。只有这样才能透过表面现象看本质,创造性地解决问题,化害为利。危机的系统运作主要是做好以下几点:

(1)以冷对热、以静制动:危机会使人处于焦躁或恐惧之中。所以饭店高层应以"冷"对"热"、以"静"制"动",镇定自若,以减轻饭店员工的心理压力。

(2)统一观点,稳住阵脚:在饭店内部迅速统一观点,对危机有清醒认识,从而稳住阵脚,万众一心,同仇敌忾。

(3)组建班子,专项负责:一般情况下,危机公关小组的组成由饭店的公关部成员和饭店涉及危机的高层领导直接组成。这样,一方面是高效率的保证,另一方面是对外口径一致的保证,使公众对饭店处理危机的诚意感到可以信赖。

(4)果断决策,迅速实施:由于危机瞬息万变,在危机决策时效性要求和信息匮乏条件下,任何模糊的决策都会产生严重的后果。所以必须最大限度地集中决策使用资源,迅速作出决策,系统部署,付诸实施。

(5)合纵连横,借助外力:当危机来临,应充分和政府部分、行业协会、同行饭店及新闻媒体充分配合,联手对付危机,在众人拾柴火焰高的同时,增强公信力、影响力。

(6)循序渐进,标本兼治:要真正彻底地消除危机,需要在控制事态后,及时准确地找到危机的症结,对症下药,谋求治"本"。如果仅仅停留在治标阶段,就会前功尽弃,甚至引发新的危机。

5.权威证实原则（standard）

自己称赞自己是没用的,没有权威的认可只会徒留笑柄,在危机发生后,饭店不要自己整天拿着高音喇叭叫冤,而要曲线救国,请重量级的第三者在前台说话,使消费者解除对自己的警戒心理,重获他们的信任。

五、饭店危机管理的对策

饭店在生产经营中面临着多种危机,并且无论哪种危机发生,都有可能给饭店带来致命的打击。饭店通过危机管理对策把一些潜在的危机消灭在萌芽状态,把必然发生的危机损失减少到最小的程度。虽然危机具有偶然性,但是危机管理对策并不是无章可循。危机管理对策主要包括如下几个方面:

(一)做好危机预防工作

危机产生的原因是多种多样的,不排除偶然的原因,多数危机的产生有一个变化的过程。如果饭店管理人员有敏锐的洞察力,根据日常收集到的各方面信息,能够及时采取有效的防范措施,完全可以避免危机的发生或使危机造成的损害和影响尽可能减少到最小程度。因此,预防危机是危机管理的首要环节。

1.树立强烈的危机意识

饭店进行危机管理应该树立一种危机理念,营造一个危机氛围,使饭店的员工面对激烈的市场竞争,充满危机感,将危机的预防作为日常工作的组成部分。首先,对员工进行危机管理教育。教育员工认清危机的预防有赖于全体员工的共同努力。全员的危机意识能提高饭店抵御危机的能力,有效地防止危机发生。在饭店生产经营中,员工时刻把与公众沟通放在首位,与社会各界保持良好的关系,消除危机隐患。其次,开展危机管理培训。危机管理培训的目的与危机管理教育不同,它不仅在于进一步强化员工的危机意识,更重要的是让员工掌握危机管理知识,提高危机处理技能和面对危机的心理素质,从而提高整个饭店的危机管理水平能力。

2.建立预防危机的预警系统

预防危机必须建立高度灵敏、准确的预警系统。信息监测是预警的核心,随时搜集各方面的信息,及时加以分析和处理,把隐患消灭在萌芽状态。预防危机需要重点做好以下信息的收集与监测:一是随时收集公众对产品的反馈信息,对可能引起危机的各种因素和表象进行严密的监测。二是掌握行业信息,研究和调整饭店的发展战略和经营方针。三是研究竞争对手的现状,进行实力对比,做到知己知彼。四是对监测到的信息进行鉴别、分类和分析,对未来可能发生的危机类型及其危害程度作出预测,并在必要时发出危机警报。

3.建立危机管理机构

危机管理机构是饭店危机管理有效进行的组织保证,不仅是处理危机时必不可少的组织环节,而且在日常危机管理中也是非常重要的。危机发生之前,饭店要做好危机发生时的准备工作,建立起危机管理机构,制定出危机处理工作程序,明确主管领导和成员职责。成立危机管理机构是发达国家的成功经验,是顺利处理危机、协调各方面关系的组织保障。危机管理机构的具体组织形式,可以是独立的专职机构,也可以是一个跨部门的管理小组,还可以在饭店战略管理部门设置专职人员来代替。饭店可以根据自身的规模以及可能发生的危机的性质和概率灵活决定。

4.制订危机管理计划

饭店应该根据可能发生的不同类型的危机制定一整套危机管理计划,明确怎样防止危机爆发,一旦危机爆发立即作出针对性反应等。事先拟订的危机管理计划应该囊括饭店多方面的应酬预案。在计划中要重点体现危机的传播途径和解决办法。

(二)进行准确的危机确认

危机管理人员要做好日常的信息收集、分类管理,建立起危机防范预警机制。危机管理人员要善于捕捉危机发生前的信息,在出现危机征兆时,尽快确认危机的类型,为有效的危机控制做好前期工作。

(三)危机的善后工作

危机的善后工作主要是消除危机处理后遗留问题和影响。危机发生后,饭店形象受到了影响,公众对饭店会非常敏感,要靠一系列危机善后管理工作来挽回影响。

(1)进行危机总结、评估。对危机管理工作进行全面的评价,包括对预警系统的组织和工作程序、危机处理计划、危机决策等各方面的评价,要详尽地列出危机管理工作中存在的各种问题。

(2)对问题进行整顿。多数危机的爆发与饭店管理不善有关,通过总结评估提出改正措施,责成有关部门逐项落实,完善危机管理内容。

(3)寻找商机。危机给饭店制造了另外一种环境,饭店管理者要善于利用危机探索经营的新路子,进行重大改革。这样,危机可能会给饭店带来商机。

总之,危机并不等同于饭店失败,危机之中往往孕育着转机。危机管理是一门艺术,是饭店发展战略中的一项长期规划。饭店在不断谋求技术、市场、管理和组织制度等一系列创新的同时,应将危机管理创新放到重要的位置上。一个饭店在危机管理上的成败能够显示出它的整体素质和综合实力。成功的饭店不仅能够妥善处理危机,而且能够化危机为商机。

知识拓展8-2

维也纳酒店有限公司危机管理制度(V2.0)

思考题

1.现代饭店安全管理涵盖哪些层面的内容?

2.如何根据饭店安全管理的特点开展饭店的安全管理工作?

3.饭店可能有哪些危机?

4.如何进行饭店危机管理?

案例分析

案例1：总台诈骗"迷惑计"

某五星级酒店总台来了一对外宾夫妇,总台有两位员工当班,这时那位男外宾对总台接待张小姐说,"小姐,你好,我需要换 500 美金外币。"总台小姐热情地答应并为其换钱,这时女外宾对一起当班的另一位总台接待王小姐说,"小姐,麻烦你过来一下,你给我介绍一下你们酒店好吗?"总台小姐立即到另一侧为客人介绍酒店。张小姐在取人民币的时候,外宾说,"小姐,请给我 FQ 开头的百元面值的人民币",张小姐说,"不好意思,好像没有啊。"外宾说:"你把钱给我,我自己找好了",张小姐便将 4000 元交到外宾手中。"算了,既然没有 FQ 开头的我就不换了,你把美金还我。"张小姐把美金还给客人,同时收回了人民币。外宾走后,小张清点备用金时发现少了 1300 元人民币。

(材料来源:根据某五星级饭店内部资料改编)

思考:

该案例中服务员有错吗? 酒店应该如何加强安全防范意识?

案例2：宾客人身伤害案

五一黄金周期间,某五星级酒店大堂内人流如织,进出酒店大门的宾客络绎不绝,进口旋转门转个不停。这时大堂副经理听到"唉呀"一声惊呼。循声望去,原来是有个幼童的脚夹在旋转门闭合处,此时旋转门已自动停止,但小孩因紧张导致脚踝处扭曲,一时无法脱身。她的母亲在一旁焦急地呼喊着。大堂副理及礼宾员上前帮助,小心翼翼地将幼童的脚取出,小孩哭个不停,小腿处略有淤青,为了慎重起见,大堂副理当即派礼宾员陪同幼童父母前往附近医院。经过拍片、就诊,医生表示并未伤及腿骨,身体并无大碍。当天,大堂副理又前往客房,慰问幼童及其父母,并由酒店承担检查就诊费用。由于处理及时,这次意外事件得到妥善解决。

(材料来源:根据某五星级饭店内部资料改编)

思考:

从这个案例你得到什么启示? 你认为酒店处理得当吗? 酒店应该如何避免类似问题的发生?

案例拓展 8-1

肯德基:自曝家丑换取诚信

案例拓展 8 - 2

住宿时遭抢劫

案例拓展 8 - 3

客房客人的相机不翼而飞

第九章 饭店人力资源管理

教学要求

掌握饭店员工招聘的流程和招聘渠道；

了解饭店员工培训的内容、类型及方法；

掌握饭店员工的激励方法；

了解饭店企业文化的构成要素以及建设企业文化的途径。

第一节 饭店人力资源开发与利用

饭店人力资源管理，就是运用科学的管理方法，根据饭店业的要求，对人力资源进行有效的开发、利用和激励，使其得到最优化的组合和积极性的最大发挥，从而不断提高饭店的经济效益和社会效益。

一、饭店人力资源开发

饭店的经营管理活动的正常进行以及高质量的对客服务都取决于饭店员工的素质，而饭店员工素质的高低取决于员工招聘和培训的效果。饭店人力资源开发是指通过选择合适的员工并对员工进行培训，使饭店员工具备饭店从业人员的素质，适合特定的工作岗位。因此，人力资源开发是人力资源管理的重要内容之一。

(一)饭店员工招聘

饭店员工招聘是为一定的工作岗位选拔出合格人才而进行的一系列活动，是把合适的、优秀的人才招聘进饭店，并安排在合适的岗位上工作的过程。

1.招聘的基本原则

(1)能级原则。

随着高等教育从精英化向大众化转变，以及高学历饭店从业者数量的逐渐增多，在饭店员工招聘中出现了人才高消费的现象，但大多数饭店招用的高学历人才并没有被安置到适合其充分发挥作用的岗位，要么被限制，要么高能低就。这种完全不顾职位工作需要的做法，造成了饭店同行间的恶性竞争及自身人力成本的增加，因此饭店员工招聘应该因职选能、因能量级、能级匹配。

(2)公开竞争原则。

饭店招聘信息即招聘职位、招聘要求、应聘资格、选拔标准、选拔方式和选拔流程等向外部和内部公开，并为参与甄选的所有求职者营造公平的竞争环境。公开竞争一方面能够确保所有应聘者或内部员工获得公平竞争的机会，另一方面也能将招聘工作置于公开监督下。

(3)择优录取原则。

为了确保饭店员工的质量，继而确保饭店服务的质量，必须在招聘中采取择优录取的原则。负责招聘的工作人员应根据饭店的规模、星级标准、接待对象、工作性质和质量要求的不同以及岗位工作内容、工作方式和业务能力的要求,对应聘者进行认真筛选,以招录真正符合需要的员工。

(4)经济效益原则。

效益原则是指在饭店招聘中应努力降低招聘成本、提高招聘工作的效率,以较低的成本消耗招聘合适的人才。在饭店招聘中,通常招聘成本包括以下项目:招聘前后所产生的全部费用,即招聘费用;因招聘效果不佳,重新再招聘时所产生的费用,即重置费用;因人员离职给饭店带来的损失,即机会成本。另外,选拔和聘用合适的员工是为保障饭店的经营管理和服务质量,因此员工招聘计划的拟订应以饭店的实际需要为依据,以确保经济效益的提高为前提。

2.招聘的流程

饭店员工的招聘流程包括招募、甄选、录用和评估四个阶段,如图9-1所示。

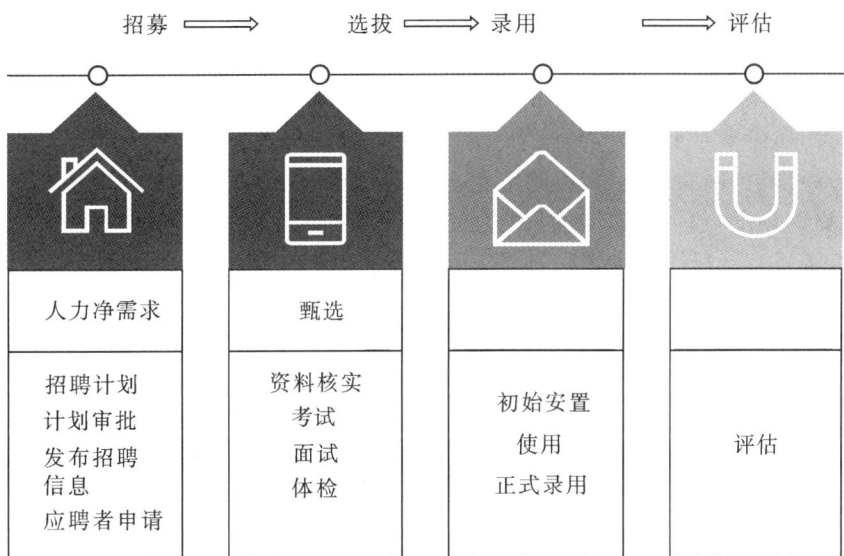

图9-1 饭店员工招聘流程

(1)招募。

招募是饭店为吸引相关人员前来应聘所做的一系列工作,包括招聘计划的制订与审批、招聘信息的确定与发布、应聘表格的设计与填写等。

招聘计划应在人力资源计划的基础上产生,具体包括确定本次招聘的目的、描述应聘职务和人员的标准及条件、确定参与面试人员、确定招聘的时间和新员工进入酒店的时间、确定招聘经费预算等。

招聘信息既可以通过广播、电视、报纸、海报等传统媒介进行发布,也可以通过招聘网站、饭店官方网站、官方微博、官方微信公众号等网络渠道来进行发布,还可以由人力资源部门作定向的员工招聘,如去旅游院校进行宣讲、去人才交流会进行现场招聘及委托就业中介机构进行操作等。无论采用哪种方式,饭店应力求使宣传资料新颖、内容务实,对应聘条件、薪金待遇、特殊要求及考核的时间与地点等有明确说明。

酒店员工应聘登记表

（2）甄选。

饭店从岗位职责要求出发，挑选合适的人员就任某一职位，主要包括审查应聘者的应聘资格、初次面试、复试、任用面试、体检、签订合同等。

饭店招聘者对应聘者提供的材料进行审阅，判断应聘人员的情况是否真实可信，并淘汰一部分情况不符合饭店要求的员工，在此基础上确定面试的人员。

面试时通过面对面的交流、观察应聘者的体态语言等，了解他们的形象、个性、心理素质、文化程度、与语言表达能力等。面试时对应聘者的工作经历、优势特长应作相应的记录和调查，以便删选出符合要求的人员。

笔试是通过设计问卷，对求职者的文化水平、思维能力和文字表达能力进行测试。笔试较之前的面试更有难度，包括知识测试、智力测试、心理测试等项目。笔试应根据不同部门有重点、有针对性地进行。操作技术考核则是为一些技术部门或岗位设计的，如厨师、糕点师、水电工程维修人员等。

体检是饭店业招聘员工必不可少的一个环节，目的是保障客人的入住、用餐安全，严防员工带病进入饭店。

（3）录用。

经甄选，各方面都比较符合饭店要求的应聘者将被饭店录用，主要涉及员工的初始安置、试用、正式录用几个环节。

在确定合格的录用人选后要发出口头或书面的录用通知，但以书面通知为宜。对录用的员工应开展针对饭店组织结构、工作环境、岗位知识和技能方面的培训，并对员工进行为期3~6个月的试用，试用期合格者与饭店签订正式的劳动合同。

（4）评估。

评估是招聘工作的最后一个环节，很多饭店以前对这个环节不太重视。对饭店招聘活动的效益与录用人员的质量进行评价，可以发现招聘过程中的问题，并为下一次人员招聘提供参考。

对招聘效果的评估一般可以从下列几个方面进行：①招聘成本，招聘费用越低，录取人数越多，说明招聘的成本越低，反之则说明招聘成本高；②应聘比率，这是对招聘数量方面的评估，应聘比率＝（应聘人数/计划招聘人数）×100%，在其他条件相同时，应聘的比率越高，说明招聘的效果越好；③录用比率，这是对招聘效果质量方面的评估，录用比率＝（录用人数/应聘人数）×100%，在其他条件相同时，录用的比率越高，说明招聘的效果越好。

3.招聘的渠道

饭店员工招聘可在饭店内进行内部调动或提升，也可面向社会招聘。

（1）内部招聘。

内部招聘就是从饭店内部现有员工中选拔合适的人才来补充空缺或新增的岗位。在饭店有中高层职位或重要职位招聘需要时，应优先考虑内部员工。

饭店内部招聘主要包括饭店内部员工的提升和内部职位的调动两种方式：

提升是填补饭店内部空缺职位的最好办法，除了省时省力外，提升的员工对饭店的内部情况已有相当的了解，不至于产生"震撼性的现实"①现象，更重要的是对饭店员工的工作积极性能产生激励作用。从另一方面来讲，如果提升工作没能做好，不仅不能产生激励作用，反而会起到反作用，所以饭店人力资源管理者应掌握好饭店内部提升的方法，并克服主观片面的"情感化"影响。

饭店内部员工调动职位的原因主要有以下几种情况：①由于饭店的经营环境或经营状况发生变化而对原先设置的部门进行分离或组合，如有的饭店前厅总台设有接待、问询、收银三个岗位，为了精简人员，把问询归到接待，撤销问询这个岗位；②为了增强员工的适应能力或改变长期从事某种工作带来的枯燥感，可采取不同岗位之间交替培训的方式来发挥员工的潜力，但这种调动一般是短期、临时的；③有些员工掌握的技能与其工作岗位的要求不相适应，有的在原工作部门产生了较为严重的人际关系问题，应对这些员工进行工作调动，为期创造新的工作环境，以发挥起才能和工作积极性。

（2）外部招聘。

外部招聘是运用各种招聘方式来吸引饭店的外部人才，从中选录合适的来填补职位空缺。招聘比内部招聘复杂，但通过这种招聘方式可以引进新的管理理念、管理方法和经验，并有助于刺激内部竞争、增强饭店活力。外部招聘涉及制作招聘广告、选择宣传媒体、确定招聘时间和途径、预算招聘费用等。

一般来说，外部招聘的员工来源主要有以下两类：①大中专院校的应届毕业生，他们一般有较好的知识素养，受过专业的培训，初步掌握了服务技能及饭店管理的业务知识，接受新事物的能力强，但他们也缺乏社会经验，需要在实践中锻炼；②同行业的流动人员，这个群体也是饭店招聘的一个重要来源，他们最大的优势是具有丰富的工作经验、较好的技术和系统的理论知识，也正是因为这个，他们一般要求比较高、比较挑剔，饭店管理者必须要采取一定的方法和措施才能让他们满意并且稳定下来。

知识拓展9-2

酒店在招聘网站发布的员工招聘信息

① "震撼性现实"现象：是指新招聘的员工对新的工作或新的工作环境事先没有足够的了解和思想准备，新员工中大多数人将无法适应，他们会觉得实际工作与自己想象或招聘者扬长避短式的介绍相差太大，从而产生不安和焦躁，因此导致新招聘员工在短期内离职而去。

(二)饭店员工培训

饭店员工培训是指通过一定的科学方法,促使员工在知识、技能、能力和态度方面的行为方式得到提高,以保证员工能够按照预期的标准或水平完成所承担的工作任务。

1.员工培训的内容

(1)饭店企业文化培训。

饭店企业文化是饭店组织成员共有的行为模式、信仰和价值观,包括经营理念、饭店精神、价值观念、行为准则等。对新员工进行这方面的培训能让他们迅速了解饭店、融入饭店,增强对自己成为饭店组织成员这个新身份的认同感;对老员工进行企业文化的培训,能强化他们的集体荣誉感、提升企业凝聚力。

饭店企业文化培训一般有四个方面的内容:物质文化层,包括饭店建筑物、饭店标识、饭店产品等;行为文化层,包括饭店的所有制、组织结构、企业归属感、工作热情、工作态度等;制度文化层,包括饭店的规章制度以及这些规章制度所遵循的理念,如人力资源管理理念、营销理念、生产理念等;精神文化层,包括饭店发展史、饭店精神和理念、饭店哲学、饭店核心价值观等。

(2)饭店服务知识培训。

饭店服务知识是饭店员工完成本岗位工作所必须掌握的基本知识,以及为了更好地为客人提供服务而应当知道的各种与服务有关的信息的总和。掌握饭店服务知识是饭店各项工作得以开展的基础,只有在了解了丰富知识的基础上,才能有效地为客人提供满意的服务。

(3)饭店技能培训。

技能培训是指对员工完成本岗位所必须掌握的业务技能的培训,包括:①各岗位的操作技能,如摆台、铺床、收银等;②应变能力的培训,因为饭店服务是对客服务,客人的来源复杂、服务项目繁多,因此突发事件时有发生,通过培训可以让员工了解突发事件的基本处理原则和应对方法;③沟通能力的培训,包括内部沟通和外部沟通的原则和技巧,提升饭店管理的效率、增强饭店各部门之间的协调性,同时也能提高饭店客人的满意度。

2.员工培训的类型

饭店培训方式可以根据培训对象的不同层次、实施培训的不同时间和地点进行分类。

(1)按培训对象分类。

根据培训对象层次的不同,员工培训可以分为:①决策层培训,培训对象为酒店经理、总监、部门经理,培训内容为市场观念、竞争观念、经营战略、营销策略等;②督导层培训,培训对象为主管、领班等,培训内容主要涉及管理能力的提高、专业知识的加强、人际关系的处理等;③操作层培训,培训对象为一线员工,培训内容主要为专业知识的掌握、业务技能的熟悉、工作态度的端正等。

(2)按培训时间分类。

根据培训安排的实践,员工培训可分为:①职前培训,即就业培训,主要是员工上岗前的培训,可分为一般培训和专业性的培训;②在职培训,这是对员工在岗所需要知识技能的培训,包括外语会话能力、计算机操作技能、服务技能等的培训,这类培训贯穿饭店员工在岗的整个过程;③职外培训是指受训员工暂时脱离岗位或部分时间脱离岗位参加学习或接受某种专门训练,根据受训时间安排和受训员工脱产时间的长短,职外培训可跟为全日式培训①、间日式培训②与兼时式培训③。

3.员工培训的方法

(1)讲授法。

讲授法是一种传统的、最常用的培训方法,以讲解传授的形式向培训对象传播知识。在用讲授法的培训中,受训者记忆知识,中间穿插一些提问。

这种方法运用方便,培训成本低,系统性强,便于培训者掌握整个过程,适用于理念性知识培训。但讲授法是"填鸭式"教学,单向信息沟通、互动性差、受训者对讲授内容识记容易遗忘,且对实际操作技能的提高作用不大。

(2)操作示范法。

操作示范法也可称为演示法,即演示者利用相关设施进行操作、展示和讲解的培训方法。示范法比讲授法直观、易懂,多用于技能培训和训练。如餐厅的餐巾折花、调酒等培训,客房的铺床、卫生清洁等技能训练。受训者在演示者的指导下,反复模仿练习,逐步掌握技能。

运用示范法进行培训,能调动受训者的视、听等多种感觉器官,有利于加强记忆。同时,示范法还能使学习内容直观易懂,在吸引受训者兴趣的同时,也便于受训者快速掌握要领。但示范法受场地、设备等条件影响大,培训的组织、准备等工作比较复杂,且培训费用较高。

(3)案例分析法。

案例分析法是受训人员根据培训部提供的一个有关酒店现实工作中发生过的用文字、录音、录像等描述出来的某个典型事例进行分析,诊断问题所在,并与其他受训者一起讨论,然后对问题提出看法或见解的一种培训方法。案例分析法是通过积极的思维过程学习如何解决问题的,受训者不仅可以熟练掌握和运用已学过的概念和知识,而且可以发展自己的观点和技巧,甚至会在此基础上产生新概念和新思路。

案例分析法运用的是组织的真实问题,在激烈的讨论中,受训者的兴趣被激发,积极思考,有效互动,在有效解决问题的同时也培养了综合知识的运用能力、独立的分析判断能力和解决现实问题的能力。但案例分析法对培训的案例选择、案例分析、组织工作要求较高,不适合大量员工培训。

(4)角色扮演法。

角色扮演法也可称情境模拟法,是一种非正式的表演。角色扮演法通过设计一个类似现场的培训环境,模拟一系列实际工作中的情景,要求受训者扮演某个角色,利用"情景置换法"进入该角色去处理各种问题和矛盾。受训者通过扮演实际工作中的某种角色,体验解决各种实际问题处理的过程,在情境中学习技能,提高积极面对现实和解决问题的能力。而饭店培训者通过对受训者表演的观察,发现受训者在特定的环境中的反应和行为,判断其是否符合角色的身份和素质要求。

这种方法生动直观、体验感强、反馈效果好、实践性强、费用低,适应于人际关系能力的培训。但这种方法耗费的时间较长、对准备工作的要求较高,不适宜人数多、场所变换频繁的

---

① 全日式培训:以全天的实践脱产参加培训,一般需数天以上的时间。

② 间日式培训:非连续方式的培训。

③ 兼时式培训:每天接受若干小时的培训,其余实践仍返回工作岗位继续工作。

培训。

（5）讨论法。

讨论法是多人参加的一种培训方法。进行讨论法时,受训者被分成 3～6 人的若干小组,每一小组在规定的时间内讨论某一特定问题,并由小组代表将讨论结果在全体受训者前作交流发言,最后再由培训者作总结性发言。在讨论过程中,每个人都能综合运用理论知识充分表述自己的观点,能在较短时间内形成各种思想及观点,有助于拓展讨论的深度和广度。

这种方法互动性强、气氛活跃,能提高受训者的综合分析能力和表达能力。但小组讨论法受参加人员的知识水平、参加人员数量的限制,课堂控制难度较大。因此,选用小组讨论发言法时,规模不宜过大,不宜选择庞大而又复杂的问题作研讨内容。

（6）远程培训法。

远程培训法是通过计算机、电信会议等辅助手段使受训者在不同时间、不同地点获得有计划、有目的的训练的方法。远程培训适合于多地点经营的酒店集团和连锁酒店,培训费用低,参与人数也不受限制。

二、饭店人力资源利用

饭店通过人员招聘和培训,拥有了一批符合饭店需要的员工,这些员工能否有效地发挥其作用,关键在于饭店管理者是否擅长人力资源的利用。饭店人力资源的利用,就是对员工科学地进行排列和组合,使之趋于合理,发挥出群体的最佳效应,同时使每个人各尽所能。

（一）编制定员

编制定员就是确定用人的数量标准。饭店的编制定员,是本着节约用人、提高效率的宗旨,根据饭店的精英防线、规模、档次、业务情况、组织机构、员工业务素质等,在简历岗位责任制的基础上,确定必须配备的各类人员的数量。

1. 编制定员的依据

一般来说,编制定员既要符合精简、高效、节约的原则,又要保障饭店的正常运转和员工的身心健康。因此,管理者必须考虑对编制定员可能造成影响的各种具体的因素。通常有以下几个方面:

（1）饭店的等级。

饭店的等级或星级是根据其设施设备的档次和完好程度以及饭店的服务水准来评定的,等级或星级越高,其服务设施就越多,宾客对饭店的服务要求也越高,因此要求配备的人员数量也就越多;反之,需要的人员数量越少。

（2）饭店的规模。

饭店规模的大小也会对编制定员造成影响,规模小则用人数量少,规模大则用人数量多。

（3）饭店的组织机构与岗位设置。

饭店不同的组织机构和岗位设置会造成不同的用人数量。组织机构的层次越多,相对用人数量也会增加。随着饭店业的发展,组织机构扁平化已经成为一种发展趋势,这除了可以加速信息的有效沟通外,还可以提高工作效率,节省人力资源。

（4）饭店设施设备情况。

饭店设施设备越现代化,其用人就越少,反之就越多。如饭店信息管理系统的使用,就节约了大量的人力。因此,在编制定员时,饭店的设施设备的现代化程度也是参考的依据之一。

（5）饭店劳动效率。

饭店劳动效率，主要是劳动定额的高低也是编制定员的依据。劳动定额是指在一定的生产技术组织条件下，预先规定劳动者生产某种产品或完成某项工作的必要劳动消耗量的标准。劳动定额高，用人少，反之则用人多。比如某饭店在客房数量没有发生变化的情况下，把客房服务员的工作定额从清扫 9～10 间客房提高到 10～12 间客房，那么所需要的客房服务员数量必然会减少。劳动定额的高低应经过科学的测算之后再予以确认，而且随着员工熟练程度等各种因素的变化，也应进行相应的调整。

（6）饭店经营状况。

饭店经营状况除了会因为消费者的消费习惯影响而出现明显的淡旺季变化之外，还会随着季节、气候、交通、经济、政治等因素的影响而变动，因此饭店设施利用率也是一个变量。饭店编制定员也应随之而发生改变。

2. 编制定员的方法

饭店在确定人员编制时有一个重要的参照指标，即客房数量或床位数量与员工数量的比例，这是国际饭店业基本上公认的定员标准。美国饭店的额定员比例为 1∶0.6，即拥有 100间客房的饭店只需要员工总数 60 人，这一比例与美国劳动力成本高有直接关系。我国饭店的定员比率可以在 1∶1.5 至 1∶2.0 左右。在饭店业，定员比例不仅标志着劳动生产率，而且还是服务质量的指标。

目前，饭店常用的定员方法主要有以下几种。

（1）按劳动效率定员。

这是一种根据工作量、劳动效率、出勤率来计算定员的方法。凡是实行了劳动定额管理并以手工操作为主的公众，都可以用这种方法计算定员。工作定额主要有工时定额和工作量定额两种。工时定额是指完成一定量的工作所需要花费的工作时间；工作量定额则是指在单位时间内所必须完成的合格工作量。

（2）按岗位定员。

这是按饭店内部组织机构和各种服务设施来确定岗位数量，再考虑各个岗位的工作量、劳动效率、工作班次和出勤率等因素来确定人员的方法。这种方法一般使用与饭店的前厅工作人员、综合服务设施工作人员、行李人员、保安人员等岗位的定员。

（3）按比例定员。

这种方法主要按照与员工总数或某一类人员总数的比例，来计算另一类人员数量的方法。这一方法是依据饭店内部某类人员客观上存在一定比例关系的规律提出来的，如厨房炉台与切配人员的比例、就餐人数与员工食堂人员的比例等。

（4）按职责定员。

这是一种按既定的组织机构和其职责范围，以及机构内部的业务分工和岗位职责来确定定员的方法。它主要使用与确定饭店管理人员的数量。

（二）合理用人

饭店人力资源管理的关键在于合理用人，只有合理地使用人力资源，才能充分发挥其特长，有效地调动积极性，达到饭店人力资源管理的额目标。

1.合理用人的原则

(1)能力与职位相匹配

饭店的各种岗位有不同的能力要求,员工也有不同的才能,这就要求饭店的管理者根据不同职位对能力的要求,配备具有相应能力的人。因此,管理者在确定员工岗位时,应根据每个人的才能,把他(她)放在与之相适应的岗位上,使员工的职位与能力相匹配。

(2)公平竞争。

管理者为员工创造公平竞争的环境,可以激发其工作热情,促使其主动地开拓新领域和解决新问题,也能使新的人才脱颖而出。公平竞争最为关键的是竞争的公平性,否则会适得其反。另外,员工之间公平竞争,客观上也会促使员工形成积极进取、奋发向上的精神面貌,进而促进饭店的经营管理水平和服务质量不断提高。

(3)结构优化。

饭店在进行员工配置时,要重视员工组合的互补性,实现结构优化,形成最大合力,达到互补增值的目的。因此,在人员结构上应注意知识结构、专业结构、年龄结构、性格结构等的互补与合理组合,尽量避免各种内耗。

(4)动态管理。

从饭店人力资源管理的现实情况来看,因为各种原因,存在着专业技术人员分布不合理、人员比例失调及人才闲置、用非所长等不合理现象,给人力资源管理带来了较大的问题,也造成了人才的浪费。这些现象应该通过有计划的合理调配或流动加以解决,如果人员不流动,最优配置是无法实现的。动态管理就是在动态中使用和管理好人力资源,充分发挥员工的积极性和创造性,最终达到吸引人才、培养人才、留住人才的目的。

2.合理的用人制度

合理地用人原则固然重要,但更重要的是落实和执行这些原则,因此,饭店必须建立健全用人制度。

从饭店人力资源管理的现状及发展趋势来看,合理的用人制度主要包括用工制度和干部制度两方面。合理的用工制度,就是通过推行全员劳动合同制,明确员工与饭店之间的劳动合同关系,明确双方的权利、义务和责任,使员工与饭店之间可以互相选择、平等协商,有利于员工积极性的调动,也能从一定程度上控制饭店员工高流失率现象。合理的干部制度就是建立健全的干部聘用制度,根据工作中的实际表现,实现对管理人员的按能授职,并引入公平的竞争机制,优胜劣汰,以形成一支适应市场竞争、用于创新的饭店管理者队伍。

第二节　饭店人力资源激励

激励是现代饭店管理中心最重要的职能,激励影响着饭店经营目标的实现。饭店人力资源管理所追求的目标就是用各种恰当有效的激励方法充分调动员工的积极性,最大限度地挖掘人的潜力,为饭店创造出最佳的经济效益和社会效益。

一、饭店员工激励的概念与意义

(一)饭店员工激励的概念

饭店员工激励是指饭店管理者通过各种内外部有效的措施和方法,发现和引导员工的内心需要,最大限度地激发员工的积极性、主动性和创造性,从而有效地实现饭店经营目标和满足个人需要的过程。

(二)饭店员工激励的意义

对一个企业来说,科学的激励制度至少具有以下几个方面的作用:

1.调动员工的积极性

对饭店来说,如果员工没有干劲、没有工作激情,就会使员工工作缺乏效率、饭店失去活力,最终影响饭店目标的实现。各种恰当的激励手段,可以从精神和物质方面充分满足员工的需要,调动他们的积极性,提高工作绩效。

2.激发员工的潜能

美国哈佛大学的威廉·詹姆斯(W·James)教授在对员工激励的研究中发现,按时计酬的分配制度仅能让员工发挥20%~30%的能力,如果受到充分激励的话,员工的能力可以发挥出80%~90%,两种情况之间60%的差距就是有效激励的结果。管理学家的研究表明,员工的工作绩效时员工能力和受激励程度的函数,即绩效=F(能力×激励)。如果把激励制度对员工创造性、革新精神和主动提高自身素质的意愿的影响考虑进去的话,激励对工作绩效的影响就更大了。

3.吸引并留住优秀人才

饭店业因为自身特点和其他原因,使得饭店员工的流动性比其他行业要高一些,任何饭店的稳定,都离不开稳定的优秀员工队伍。因此,饭店如果想吸引人才、留住人才,就必须通过各种优惠政策、丰厚的福利待遇、快捷的晋升途径来吸引饭店需要的人才。

4.造就良性的竞争环境

科学的激励制度含有一种竞争精神,它的运行能够创造出一种良性的竞争环境,进而形成良性的竞争机制。在具有竞争性的环境中,组织成员就会受到环境的压力,这种压力将转变为员工努力工作的动力。正如麦格雷戈(Douglas M·Mc Gregor)所说:"个人与个人之间的竞争,才是激励的主要来源之一。"在这里,员工工作的动力和积极性成了激励工作的间接结果。

二、饭店员工激励的原则和方法

(一)饭店员工激励的原则

激励对饭店有着非常重要的意义,要想使激励的作用得到充分发挥,管理者必须在实际工作中正确运用各种激励方法,因此必须遵循以下几点原则:

1.目标一致原则

在饭店的激励过程中,设置目标并且目标一致是一个关键性的环节。员工只有确立了目标,才会有动力,因此饭店人力资源管理人员在激励过程中,首先让员工树立目标,然后使员工、班组、部门的目标与饭店的经营目标保持一致,只有这样才能取得良好的激励效果。

2.物质激励和精神激励相结合的原则

物质激励是基础,精神激励是根本。在两者结合的基础上,逐步过渡到以精神激励为主。

3.积极引导原则

外激励措施只有转化为被激励者的自觉意愿,才能取得激励效果。因此,引导性原则是激励过程的内在要求。

4.合理性原则

激励的合理性原则包括两层含义:其一,激励的措施要适度。要根据所实现目标本身的价值大小确定适当的激励量;其二,奖惩要公平。

5.明确性原则

激励的明确性原则包括三层含义:①明确,激励的目的是需要做什么和必须怎么做;②公开,特别是分配奖金等大量员工关注的问题时更为重要;③直观,实施物质奖励和精神奖励时都需要直观地表达它们的指标,总结和授予奖励和惩罚的方式,直观性与激励影响的心理效应成正比。

6.时效性原则

要把握激励的时机,"雪中送炭"和"雨后送伞"的效果是不一样的。激励越及时,越有利于将人们的激情推向高潮,使其创造力连续、有效地发挥出来。

7.正激励与负激励相结合的原则

所谓正激励就是对员工符合组织目标的期望行为进行奖励。所谓负激励就是对员工违背组织目的的非期望行为进行惩罚。正负激励都是必要而有效的,不仅作用于当事人,而且会间接地影响周围其他人。

8.按需激励原则

激励的起点是满足员工的需要,但员工的需要因人而异、因时而异,并且只有满足最迫切需要(主导需要)的措施,其效价才高,其激励强度才大。因此,管理者必须深入地进行调查研究,不断了解饭店员工需要层次和需要结构的变化趋势,有针对性地采取激励措施,才能收到实效。

(二)饭店员工激励的方法

在饭店管理实践中,激励的方法比较多,饭店的管理者在遵循基本原则的基础上,应分具体情况对不同的员工采取不同的激励方式。

1.金钱激励

金钱及个人奖酬是使促使饭店员工努力工作的最重要的激励手段,饭店要想调动员工的工作积极性,主要的方法还是经济性报酬。虽然在知识经济时代的今天,人们生活水平已经显著提高,金钱与激励之间的关系逐渐成弱化趋势,然而,物质的需要始终是人类的第一需要,是人们从事一切社会活动的基本动因。所以物质激励仍是激励的主要形式。但是饭店管理者必须注意:员工对待金钱的态度和价值观是不同的,应该区别对待;金钱的激励必须公正;平均分配等于没有激励。

2.目标激励法

目标是组织对个体的一种心理引力。所谓目标激励就是确定适当的目标,诱发人的动机和行为,达到调动人的积极性的目的。将目标作为一种诱引,具有引发、导向和激励的作用。一个人只有不断激发对高目标的追求,才能激发其奋发向上的内在动力。

3.荣誉激励法

对于饭店员工来说,不仅要有物质激励,而且还要有合理的精神激励,因为这可以体现人对精神上满足的需要,在荣誉激励中还要注重对集体的鼓励,以培养员工的集体荣誉感和团队精神。

4.情感激励法

情感是影响人们行为最为直接的因素之一,任何人都有渴求各种情绪的需求。按照心理学上的解释,人的情感可以分为利他主义情感、好胜情感、享受主义情感等类型。这就需要饭店的经营者根据饭店员工物质文化的需求,关心员工的生活,敢于说真话、动真情、办实事。在满足人们物质需要的同时,还要去关心员工的精神生活和心理健康,提高员工的情绪控制能力和心理调节力。对于他们遇到的事业上的挫折、感情上的波折、家庭上的矛盾等各类"疑难病症"要给予及时"治疗"和疏导,营造出一种相互信任、相互关心、相互体谅、相互支持、互敬互爱、团结融洽的良好氛围,增强员工对饭店的归属感。

5.信任激励法

信任激励是一种基本激励方式。领导之间、上下级之间、下属之间的互相理解和信任是一种强大的精神力量。它有助于饭店不同岗位、不同层级的员工之间的和谐共振,有助于饭店团队精神和凝聚力的形成。

6.知识激励法

由于饭店一线员工的入职门槛不高,而这个群体的员工在饭店员工总数中占据较大的比重,因此饭店的大多数员工存在着知识结构不合理和知识老化现象,这就需要饭店管理者在管理过程中,一方面不断丰富积累知识,提高自己的知识水平、专业水平和管理水平;另一方面也要不断地加强员工学习。对饭店一般员工可加大职业培训的力度,对各类人才也可以进行脱产或半脱产学习,把饭店员工的知识学习作为饭店长期发展的一个重要目标,从而不断提高饭店员工的文化素质、技术素质。

7.参与激励法

在管理过程中,通过使组织成员参与管理行为,能够增加他们对组织的关注,进而把组织目标变成个人的追求,变成组织成员乐于接受的任务,使个人在实现组织目标的过程中获得成就感。因为人都是有一定的志向和抱负的,是愿意为自己所追求的事业作出努力的,并在这种过程中获得精神上的满足。参与激励就是建立在这种心理基础之上的。

知识拓展9-3

香格里拉饭店员工激励方案

第三节 饭店企业文化

一、饭店企业文化的作用

饭店企业文化是饭店组织成员共有的行为模式、信仰和价值观,它在饭店生存与发展中的

地位是与其所发挥的作用分不开的。企业文化对于饭店具有以下及个方面的作用:

(一)凝聚作用

饭店的企业文化对饭店的生存与发展非常重要,它对饭店的团结与和谐具有一种凝聚功能,是饭店凝聚力、向心力的体现。

(二)激励作用

企业文化能起精神激励的作用,激发人的积极性、能动性和创造性,发挥其他激励手段所起不到的作用。

(三)辐射作用

企业文化作为社会文化大系统的子系统,对所在城市或地区这个宏观社会群体具有一种辐射功能。

(四)约束作用

企业文化是一种约定俗成的东西,是饭店内部上下必须共同遵守的一种行为规范和思想道德准绳,企业文化虽然不是硬性的规章制度,但却无时无刻不在以软约束的形式发挥着作用,产生潜移默化的影响,使饭店员工自觉地按照要求规范自己的行为。

(五)控制作用

企业文化能使饭店实行自我控制,使饭店及其成员在企业文化的规范下,价值观念、思想认识、思维过程、心理情感、伦理道德、行为方式等都会受到影响和规范。

二、饭店企业文化的构成

饭店企业文化的提出和发展,是西方市场经济发展到一定阶段的必然产物,是现代管理的客观要求。企业文化随着科学技术而迅速发展。企业经营的国际化趋势日趋增强,市场竞争日益激烈,使各个饭店企业为了谋求发展,不得不重视发展企业文化。饭店企业文化包括以下四部分:

(一)物质文化

饭店企业物质文化至少包括三个方面:首先是饭店对客服务的硬件建设,其次是饭店为保证员工满意,提供的后勤硬件(生活、娱乐等)建设,再次是饭店的物质文化能够使员工接受的物质观,即饭店要贯彻给员工对物质的观点看法(最简单的就是饭店的激励与分配行为)。这是物质文化建设中最重要的一项,也是影响员工与饭店关系的最重要的环节。

(二)行为文化

饭店作为企业,经济效益是排在第一位的。效益来源在于众多的顾客流、饭店环境及能够提供给顾客优质服务的从业人员。没有用心服务的员工,没有饭店和谐的人文环境,则吸引不了追求高品位享受的宾客,只有在员工与顾客面对面的服务过程中才能体现出来。

(三)制度文化

饭店的制度文化包括制度的制定与修改、制度的贯彻与执行、制度的内涵与外延。建立以"员工满意"为主导的饭店制度文化,必须坚持"从群众中来,到群众中去"的原则,处处体现集体利益、大多数员工利益且易于实践。这样的饭店制度文化,才能保持长久不衰的生命力。

(四)精神文化

精神文化是饭店企业文化的核心部分,是饭店企业文化中的无形文化。精神文化必须在企业管理过程中得到体现;在企业员工行为活动中得到反映;在协调饭店内部人际关系上,成为一条原则;在无论何时何地的工作状态上必须得到认可;在服务态度上应有此境界。使满意的员工持续塑造满意的饭店,满意的饭店成就满意的员工,饭店与员工良好互动,共同发展。

知识拓展 9-4

洲际酒店集团企业文化

三、饭店企业文化建设

(一)树立科学的、独到的价值观

企业文化内容丰富,辐射面广,其中一个核心内容,就是企业的价值观,它主导和支配着企业文化的其他要素。许多饭店在文化建设中比较重视价值观的建设,但对什么是饭店文化价值观,从哪些方面着手建设,怎样去建设却认识比较模糊。实际上饭店文化的价值观包含了丰富的内容,除了树立正确的人才观、财富观、时间观、质量观、服务观、信誉观、效益观外,还应树立正确的人本观、知识观、信息观、竞争观、卓越观等具有时代特征的价值观。通过这些价值观的确立,把我们的员工引导到饭店所确定的目标上来,不断地增强承受和理解的能力,建立和谐的人际关系,保证经营中流畅、协调的劳动协作,促使饭店与饭店、员工与员工之间在公平的基础上进行竞争,从而推动饭店业向着健康的方向发展。

(二)建设有文化氛围的饭店环境

环境是企业文化的象征,是企业文化的保障。每个饭店都生存于一定的环境之中,并在环境中发展,饭店在适应环境的同时,又改造和创造着环境,企业文化和环境,二者相互依存,相互促进,又相互制约。饭店在努力适应外部环境的同时,又要潜心研究建设好内部环境:一是要建设好饭店的组织环境。重点是建设好用人机制、管理机制和约束机制。二是要建设好心理环境。健康的心理环境可以使人们精神振奋,使企业兴旺发达。三是要建设好物质人文环境。具体讲,就是建设好饭店的工作和生活环境。四是要建设好经营环境。这个环境既包括饭店内部的组织环境、心理环境和物质人文环境,还包括饭店与外部进行的人力、物质、信息、资金等交换时所形成的"边缘环境"。作为饭店,要努力适应经营目标的市场化,适应产品和服务的一流化,适应饭店经营的长远化,适应市场的多变化,适应经营管理工具的电脑化、网络化,适应经营思想的商品化。做到了这六个适应,才能保证饭店有良好的经营环境,在激烈的市场经济中取胜。

(三)培育有文化意识的员工队伍

要掌握一流的设备,生产一流的产品,提供一流的服务,形成一流的管理,创造一流的饭店,最终取决于饭店是否有一流的员工队伍,这是饭店文化建设的核心所在。可以这样说,顾客是饭店的上帝,员工就是饭店老总的上帝,员工是物质财富和精神财富的创造者。应该说,大部分饭店是比较注重员工队伍建设的:在业务上加强培训,努力培养;在生活条件改善方面舍得投入,使员工在各自的工作岗位上心情舒畅,工作努力,发挥着自己应有的作用,为饭店的发展尽了自己的一份力量。但是,也有部分饭店由于体制方面的原因和经营理念上的偏差,不重视有些甚至忽视员工队伍的建设,在管理上不注意方式方法,员工在生活上得不到应有的待遇,致使人心涣散、精神不振,直接影响到整个饭店的服务质量,更不要说使员工在饭店文化建设中发挥作用了。因此我们要把饭店文化建设好,一是要有效地吸引广大饭店员工积极地参与饭店的经营管理和决策,增强他们的主人翁意识,激发他们的责任感,在饭店文化建设中做到操主人心,做主人事,干主人活,尽主人意;二是要以饭店为核心,凝聚饭店员工的精神与情感,强化员工对饭店的自豪感,激发其使命意识,促进饭店员工之间的相互团结,使饭店员工能够以献身精神与饭店风雨同舟;三是要通过各种方式形成员工共同的信念与追求,使饭店价值观在员工身上得到充分体现,并使之成为员工自觉提炼和培育饭店文化的强大动力;四是要培育员工形象,使员工形象成为饭店形象最活跃的表现形式。只有这样,才能把员工队伍建设好,才能为饭店的发展注入源源不竭的强大动力。

(四)饭店经营者要加强自身学习

饭店经营者的领导素质和管理素质的高低,是饭店兴衰的决定因素。企业文化中的重要信念,无一例外都是先在上层形成,然后逐渐影响到饭店的全体员工。对于学习的重要性,想必大家都有比较清楚的认识,但是具体行动起来却非常困难,许多老总往往陷于日常繁琐的事务中拔不出来,没有时间来学习和掌握饭店业的最新动态,没有时间来研究饭店的管理思路和方法,死搬硬套其他饭店现成的东西,有的甚至凭经验和感觉来管理饭店,这在现代激烈竞争的饭店业中是很难站得住脚的。我们要学习国家的大政方针,要学习其他饭先进的管理经验,要学习其他饭店优秀的管理方法。

饭店企业文化建设必须以员工满意为主导,以关爱员工为首要原则,进行一系列的饭店物质文化建设、饭店制度文化建设和饭店精神文化建设,做到以正确的物质价值观引导员工,以较科学的制度规范员工,以高尚的精神文化氛围感召员工。长此以往,形成员工的正确物质价值追求、高尚的道德情操、团队的凝聚力和向心力,饭店的集体荣誉感,职业的使命感与事业心,达到企业文化关爱人、感染人、成就人、发展人的目的,从而使员工满意,心情舒畅,快乐工作,使饭店的效益得以长久,知名度和美誉度得以持久提高。

思考题

1. 饭店员工招聘的基本流程什么?
2. 饭店员工培训的方法和类型有哪些?
3. 饭店员工激励的原则和方法有哪些?
4. 饭店如何开展企业文化建设?

案例分析

洲际酒店集团是全球客房数最多、网络分布最广的专业酒店管理集团,旗下拥有九个闻名退迩的品牌,包括洲际酒店及度假村、皇冠假日酒店及度假村、英迪格酒店、假日酒店及度假村、智选假日酒店、Staybridge Suites、Candlewood Suites 以及两个最新的酒店品牌,EVEN 酒店和华邑酒店及度假村。洲际酒店集团旗下拥有、管理、出租或托管的酒店多达 4500 多家,共有 672000 多间客房,遍布全球近 100 个国家和地区,并有 1000 多家在建酒店。洲际也是世界上客房拥有量最大、跨国经营范围最广(分布近 100 个国家)的酒店集团。洲际酒店集团于

1984 年进入中国市场，是最先进入中国的国际酒店管理公司，也是目前在中国接管酒店最多的超级酒店集团，旗下酒店遍及中国 70 多个大陆 44 座城市，总收益超过 10 亿美元。

洲际酒店集团如今在中国的发展速度被认为是前所未有的，而人才，则是企业快速、可持续发展的关键。洲际酒店集团在中国已拥有 52000 名员工，而在 2012—2014 年大中华区人员发展计划中，将设立 270 个总经理岗位，3000 个管理岗位，11 万人的工作机会。作为接待业的一员，洲际酒店集团在快速发展的同时，同样也面临着酒店业人才短缺等问题，不同的是，这个曾获得"最适宜工作的 25 大公司""英国最受欢迎公司""亚洲最佳雇主品牌"等荣誉的企业有自己的解决之道。

一方面，洲际酒店集团在其官网上开辟了自己的全球招聘主页。据有关资料，已有超过 180 万人访问了主页，超过 100 万人表达了就业意向（2012 年）；另一方面，洲际酒店集团已从坐等"招人"进步到了协助"育人"，从人才的"接收方""购买者"，迈向人才的"生产者"——主动参与人才生产过程；更从育优秀人才到打造"未来英才"，这些行动，对集团自身的人力资源发展，甚至对整个行业的人员素质提升，都有明显的作用。其中，其合作育人的模式值得旅游院校研究和借鉴，从某种意义上可以说，还起到推动、促进国内旅游院校进一步改革发展的效果；而打造"未来英才"的管理培训生制度，既能给优秀的酒店专业学生前景和希望，对旅游院校的育人理念、培养模式有积极的启示。

（一）洲际酒店集团英才培养学院——迈向专业人才的"生产者"

洲际酒店集团长期致力于对中国本土人力资源的培养，为了满足中国日益发展的酒店业对人力资源的大量需求，集团成立了业内领先的校企合作办学模式——与优秀的专业院校共同成立"洲际酒店集团英才培养学院"，学院的使命是：培养可持续发展的酒店人才，不仅是为了洲际酒店集团，还为了整个行业。英才学院可为每所学校提供不同等级的学历及学位课程，学生除了接受各院校专业教师讲授理论课程外，集团的高级管理人员还定期为学生传授行业实践经验。此外，所有学生均可获得洲际酒店集团旗下酒店实习的机会。首家英才培养学院于 2006 年 6 月在上海成立，之后，该合作模式在全国各地迅速发展，吸引了大量有志于进入中国飞速发展的酒店业的青年学生。例如，近年来，该集团与南京、杭州等多地优秀旅游院校签署合作协议，将英才培养学院从原来的 12 所扩展到 24 所，每年可培养近 5000 名毕业生，能更好地满足华东地区对酒店业专门人才的需求，并且为更多旅游及酒店专业学生提供在洲际酒店集团旗下酒店以及整个行业的就业机会。洲际酒店集团英才培养学院与集团其他相关学院的关系及其育才模式如图 9-2、图 9-3 所示。

（二）管理培训生计划——打造最有实力的"未来领导者"

如今，管理培训生（management trainee，MT）在国内已不再陌生（有时甚至被滥用），而其最早即源于国外大企业里以"培养公司未来领导者"为主要目标的特殊项目（一些知名外企即通过 intern，staff 和 MT 三条管道招聘人才）。具体说，管理培训生是一些大企业自主培养企业中高层管理人员的人才储备计划，培训生通常是在公司各个不同部门实习，了解整个公司运作流程后，再根据其个人专长作相关安排，最后可以胜任部门、分公司负责人等职位。而业内都知道，传统的接待业（包括高星级酒店）在快速发展中不仅面临"用工荒"的困扰，难吸引优秀人才、人才流失率高等也是其人才资源建设中需要攻克的一些难点，可以说，管理培训生制度引入酒店业，吸引能并让优秀的管理人才快速成长，对改变了这种局面生产了积极的效果，在这方面，洲际酒店集团应该说是做得最为成熟和成功的。

例如，在中国，洲际酒店集团管理培训生项目通过 12～18 个月时间，让管理培训生学会运

GC University
大中华区大学

School Relations
合作学院

洲际酒店集团
英才培养学院

Other Educational Institute
其他教育机构

GC College and Vocational School
大中华区学院及职业学校

Overseas School
海外学院

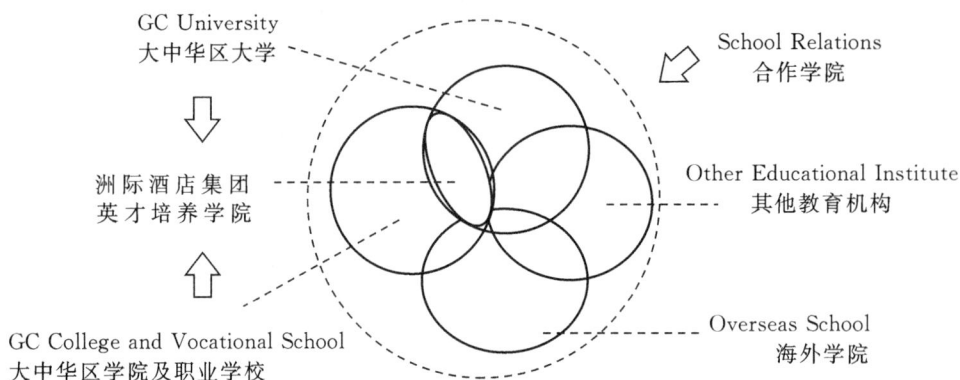

图 9-2　洲际酒店集团英才培养学院与集团其他相关学院关系

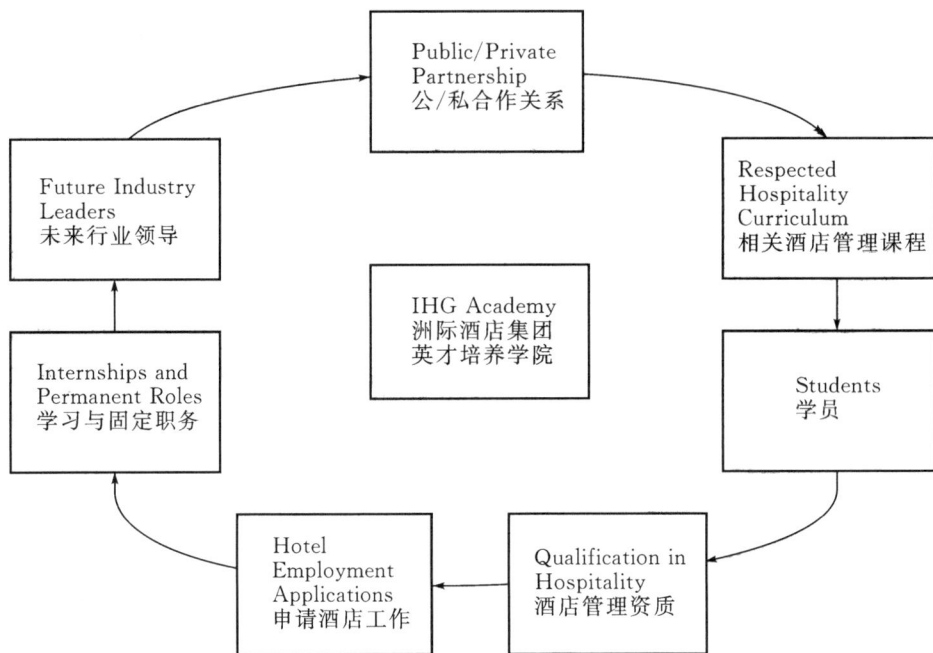

Public/Private Partnership
公/私合作关系

Future Industry Leaders
未来行业领导

Respected Hospitality Curriculum
相关酒店管理课程

IHG Academy
洲际酒店集团
英才培养学院

Internships and Permanent Roles
学习与固定职务

Students
学员

Hotel Employment Applications
申请酒店工作

Qualification in Hospitality
酒店管理资质

图 9-3　以洲际英才培养学院为中心的育才模式

行一个大型酒店的内外事务和发展成为未来酒店管理者的素质,成为"最有实力的未来领导者",在整个过程中,洲际对人才选拔标准、招聘与选拔程序、培养方案、培训与发展、薪酬和福利等各环节都有明确的规定。

1.人才选拔标准

人才选拔标准的要求是近期获得学士学位的毕业生,中国公民或永久中国居民,有较高英文水平、有出色的人际沟通技巧和优秀的领导力素质,对酒店充满热情,且至少需 6 个月的酒店业工作或实习经验。

2.招聘与选拔程序

集团为寻找"最有实力的未来领导者",应聘者需经过以下步骤严格筛选:在"www. ihg. jobs"上进行在线申请—在线预筛选—电话面试—初步面试—评估中心—在线能力测试—最终环节面试。

3. 培养方案(见表 9−1)

表 9−1　培养方案

阶 段	目 的	时 间	具 体 安 排
一阶段	定向导入	4 至 6 个月	管理培训生将学习酒店内每一个功能如何有助于业务的全面成功,要经历酒店客房部、食品和饮料部、销售及市场推广及其他业务支持等各部门
二阶段	选择部门(路径)	4 至 6 个月	在已经尝试过所有不同部门后,管理培训生可以选择一个希望专业从事的部门。其间,公司还会提供一个高水平的课程,便于他们更深入地研究所选择的部门工作。
三阶段	为未来做准备	4 至 6 个月	在最后阶段,管理培训生会得到一个作为领导者在其专业领域开展工作的机会,他将会体验到完成"未来领袖计划"之后的工作生活。在这时间内,管理培训生还可以提交一项由其推动且属于自己的计划。

4. 培训与发展

洲际酒店集团承诺为"未来之星"提供世界一流的培训和发展机会,包括基于经验的学习、教学为基础的学习、关系为基础的学习等三大部分,如表 9−2 所示。

表 9−2　培训方式与内容

方 式	内 容
基于经验的学习	酒店和公司的登记程序 部门职能轮换计划 在职培训 技术和专业系统培训 项目的设计和实施 在最后阶段的代理位置
教学为基础的学习	品牌服务行为和加速领导力发展计划,如工作坊、电子学习课程,如 Element K 和 eCornell 计划
关系为基础的学习	由酒店总经理作为其教练 定期与区域人力资源经理进行探讨

至于薪酬和福利,也有明确的规定,如在一开始的时候,将获得与在当地酒店的市场主管大致相同的的工资和福利待遇。

思考:

1. 你如何看待洲际酒店的英才培养学院?

2. 你认为洲际酒店在储备人才的培养上有何特色? 对酒店有何影响?

第十章 饭店财务管理

了解饭店投资的分类和管理程序、饭店筹资的意义和主要方式；

了解饭店成本和费用的构成、成本的主要控制方法；

了解饭店收益管理的定义及其发展；

掌握饭店收益管理的原理和基本的计算公式；

掌握饭店收益管理的方法。

第一节 饭店筹资与投资管理

饭店无论是维持简单再生产还是实现扩大再生产，都需要一定投资活动的支持。饭店投资关系到饭店的生存和发展，是饭店经营战略的重要组成部分。筹集资金既是饭店经营运作的起点，又是决定资金流动规模和经营发展程度的重要环节。

一、饭店投资管理

(一)饭店投资的分类

饭店投资是指酒店为在未来一定时期内获得经济利益而投入一定资产或让渡一定资产的经济行为。为加强投资，需要对投资进行科学的分类，按不同的分类标准，投资可分为以下类型：①按投资与生产经营的关系划分，可分为直接投资和间接投资；②按投资时间的长短划分，可以分为短期投资和长期投资；③按投资方向的不同划分，可以分为对内投资和对外投资；④按投资在生产过程中的作用划分，可分为初创投资和后续投资。

(二)饭店投资管理的主要内容

1.投资方向的决策

投资是饭店为了获取经济资源的增值而将资金投放于各种资产形态上的经济行为。依据投资的形式可将投资分为实物投资与金融投资。实物投资是对饭店生产经营实际应用的实物资产进行的投资，如购置与更新设备，兼并饭店进行生产经营规模的扩充，对新的投资项目进行的投资，以及对营运资本的投资等；金融投资是对金融性资产所进行的投资，如购买股票、债券等。饭店财务管理的任务之一就是合理确定投资方向，合理搭配不同类型的投资。

2.投资项目的评价

由于饭店拥有的经济资源具有稀缺性，有效投资、提高投资的效率，就成为投资决策首先应解决的问题。饭店财务管理的任务就是通过对投资项目财务可行性的评价，为饭店投资决策提供技术和方法上的支持，最大限度地保证投资决策的科学性。

确定一个投资项目财务可行性的重要标准是看该投资项目是否拥有正的净现值,只有投资项目能够带来正的净现值,才能够增加饭店的经济价值,才具备财务上的可行性。饭店对投资可行性的评价都是以净现值为依据的

3. 资产结构的决策

投资决策首先要考虑的问题是如何合理确定饭店资产的结构,即饭店资产负债表左方所显示的库存现金、应收账款、存货、固定资产等构成比例以及各投资项目的构成比例。

饭店的获利能力及由此相伴的风险程度是由饭店的投资结构所决定的。例如,不动固定设施等占较高比重的饭店,必须注意其资产的流动性和偿债能力的大小。因此,饭店投资结构应该是能够创造最大经济价值的资产结构,要么是在既定收益水平下承担最大收益,要么是在既定收益水平下承担最小的风险。收益与风险相均衡,是进行饭店投资决策所必须遵循的重要原则。

(三)饭店投资的管理程序

饭店投资决策需按特定的程序,运用科学的方法进行可行性分析,以选择最有利的投资方案。对饭店投资方案的评价,一般包括以下几个基本步骤。

1. 提出投资方案

饭店的各级领导、各部门都可以提出投资方案。通常,战略性的投资项目由高层领导提出,战术性的投资方案由基层或中层领导提出,新产品方案通常来自营销部门,设备更新的建议来自生产部门。

2. 评价投资方案

对所提出的投资方案进行评价,主要包括:计算方案的预计收入和成本,预测投资方案的现金流量;计算各项投资方案的价值指标,如净现值、内含报酬率等;将各投资方案的价值指标与可接受指标进行比较。

3. 选择投资方案

根据投资方案评价结果进行决策,选择最有利的方案。投资方案的最终结果一般分为三种:接受这个方案,可以进行投资;拒绝这个方案,不能投资;方案存在不足,改进后在重新评价。

4. 执行投资方案

决定对某方案进行投资后,要积极筹措资金,实现投资。在执行投资方案的过程中要进行实时控制,以确保优质方案的顺利进行。

5. 对已接受的方案进行再评价

对方案的事后评价可以检验原来作出的决策是否合理、正确。出现新情况时,要根据变化的情况作出新的评价。

二、饭店筹资管理

饭店筹资是指酒店企业根据其生产经营、对外投资,调整资金结构和其他需要,通过合理的渠道,采用适当的方式,获得所需资金的财务活动。

(一)饭店筹资的意义

资金是饭店进行生产经营活动不可或缺的因素。饭店从创建时起,购置设备、材料等生产

要素,支付种种费用,都需要一定数量的生产经营资金;扩大经营规模,开发新服务,革新技术,更要追加投资。筹集资金既是饭店经营运作的起点,又是决定资金流动规模和经营发展程度的重要环节。合理地选择资金的筹集方式,采用正确的来源渠道,保证资金供应,满足饭店需要,是饭店财务管理的一项重要内容。

(二)饭店筹资的方式

按照资金权益特征的不同,可将饭店筹资划分为权益资金筹集和负债资金筹集两大类。

1.权益资金筹集

所有者权益是指所有者在饭店资产中享有的经济利益,包括投资者投入饭店的资本及持续经营中形成的经营积累。权益资金的主要来源有国家投资、社会集资、发行股票、企业之间的兼并和重组等。所有者权益一般不用还本,因为成为自有资本。采用吸收权益资本的方式融通资金,财务风险较小,但付出的资本成本较高。

(1)吸收直接投资。

吸收直接投资是指饭店按照"共同投资、共同经营、共担风险、共享利润"的原则直接吸收资金的一种筹资方式。吸收直接投资的种类包括:吸收国家投资、吸收法人投资和吸收个人投资。吸收直接投资中的出资方式主要包括:以现金出资、以实物出资、以工业产权出资和以土地使用权出资等。

这种筹资方式的优点是有利于增强企业信誉、尽快形成生产能力以及降低财务风险;缺点是资金成本较高,容易分散饭店的控制权。

(2)发行股票。

股票是股份有限公司发行的用以证明投资者的股东身份和权益并据以获得股利的一种可转让的书面凭证。股票作为一种筹资工具,具有法定性、收益性、风险性、参与性、无限期性、可转让性和价格波动性等特点。

这种筹资方式的有利影响:有助于改善饭店财务状况,便于利用股票收购其他饭店,利用股票市场客观评价酒店,利用股票可激励饭店职员,提高饭店知名度,吸引更多顾客。发型股票的不利影响:使饭店失去隐私权;限制经理人员操作的自由度;公开上市需要很高的费用。

(3)饭店内部筹资。

对股份制饭店来说,年终均要分红,这是对股东投资的回报。如果饭店发展平衡,股东也就希望有稳定的分红。但若是饭店发展迅速、资金缺口大,饭店可以考虑减少分红,把该支出的股利转化为留存收益,这就是饭店内部资金的筹集。

知识拓展10-1

首旅酒店集团收购如家酒店

2.负债资金筹集

负债资金筹集是指饭店通过向银行借款、发行债券、融资租赁等负债来筹集资金。负债筹资到期要归还本金和利息,因而又称为借入资本或债务资本。采用负债的方式筹集资金,一般会承担较大的财务风险,但付出的资本成本相对较低。

(1)债券筹资。

饭店债券是饭店为筹集资金,按法定程序发行的约定在一定时期还本付息的有价证券。债券的发行可以由酒店自己承担,也可以委托银行或其他金融机构代发行。但代理发行债券的机构,对饭店的经营状况不承担责任。

(2)长期借款筹资。

长期借款是指饭店向银行或非银行金融机构以及向其他单位借入的、期限在一年以上的各种借款,主要用于饭店小额的固定资产投资和流动资产的长期占用。取得长期借款是饭店筹集长期资金必不可少的方式。提供长期借款的国际、国内金融机构多为一些商业银行、政策性银行、人寿保险公司、各种财务机构和基金会等。

因为各国经济实力不同,发展速度差别很大,导致各种货币比价经常变化,如贷款币种的选择不当,在还款时会给饭店造成很大的压力,影响饭店的经济效益。要在预计各种货币汇率变化趋势的基础上,选择币值较为稳定的币种。为尽可能减少汇率变化的影响,选择货款币种时,可以根据建设中支付的币种为依据,即支付什么货币就贷款什么货币;或者将来营业时以某种货币参考计价,就借这种货币。这是因为多种货币兑换汇率风险很大,饭店对这些金融风险承受能力相对较小。

第二节　饭店收益与成本管理

一、饭店成本控制

(一)饭店成本的概念

饭店成本是指饭店在一定时期内的接待经营过程中,为客人提供产品和劳务所发生的各项费用的总和。

广义上包括直接原材料的耗用支出和间接费用的支出,狭义上说只指直接原材料的耗用支出,而间接费用支出则被归入费用部分。

(二)饭店成本费用的内容

1.营业成本

营业成本是指饭店在经营过程中发生的各项直接支出,包括餐饮成本、商品成本、洗涤成本和其他成本。

2.营业费用

营业费用是指各营业部门在经营中发生的人工、能源、折旧和物耗等各项间接经营费用。

3.管理费用

管理费用是指饭店为组织管理经营活动而发生的费用,以及由饭店统一承担的一些费用。它包括人工、办公差旅、摊销等。

4.财务费用

财务费用是指饭店为筹集资金而发生的费用。它包括利息、汇兑净损失、金融机构费用等。

(三)饭店成本的类型

1.按成本费用与经营业务量的关系划分

(1)固定成本。

固定成本是指在较短的时间内,其总额不随饭店经营业务量的增减而变化的成本,如客房的折旧费用不会因为出租客房数量的增多或减少而发生改变。但单位固定成本会随着业务量的增减发生增减。

(2)变动成本。

可变成本是指其总额随着经营业务量的变化而成比例变化的成本,如客房的出租率越高,出租房间的数量越多,客房用品的消耗也会增多。

(3)混合成本。

混合成本是指总额中既包含变动成本也包含固定成本。其总额会随着经营业务量的变化而变化,但并不呈现正比例关系。在实际工作中,为了使信息更有价值,往往需要把混合成本中的固定成本和变动成本两大部分分解开,分别归入固定成本和变动成本。

2.按管理责任划分

(1)可控成本。

可控成本是指在会计期间由一个责任单位有权确定开支的成本费用。

(2)不可控成本。

不可控成本是指在一定期间内责任单位对成本费用的发生无法控制的成本费用。

(四)饭店成本的控制方法

1.预算控制法

预算控制法是以预算指标作为经营支出限额目标。预算控制即以分项目、分阶段的预算数据来实施成本控制。

2.主要消耗指标控制法

主要消耗指标是对饭店成本费用有着决定性影响的指标。主要消耗指标控制,也就是对这部分指标实施严格的控制,以保证成本预算的完成。

3.制度控制法

这种方法是利用国家及饭店内部各项成本费用管理制度来控制成本费用开支。成本费用控制制度还应包括相应的奖惩办法,对于努力降低成本费用有显著效果的要予以重奖,对成本费用控制不力造成超支的要给予惩罚。

4.标准成本控制法

标准成本是指饭店在正常经营条件下以标准消耗量和标准价格计算出的各营业项目的标准成本作为控制实际成本时的参照依据,也就是对标准成本率与实际成本率进行比较分析。实际成本率低于标准成本率称为顺差,表示成本控制较好;实际成本率高于标准成本率称为逆差，表示成本控制欠佳。

5.目标成本控制法

目标成本是指在一定时期内产品成本应达到的水平，据以作为成本管理工作的奋斗目标。

$$产品目标成本＝产品有竞争力的市场定价－企业目标利润$$

二、饭店的收入和利润管理

(一)饭店营业收入概述

1.饭店营业收入的概念

饭店营业收入它是指饭店按一定的价格，通过提供劳务出租、出售等方式取得的货币收入，包括出租客房、提供餐饮、出售商品以及其他服务的收入。

2.饭店营业收入的结算方式

饭店营业收入的结算方式主要有以下三种：①预收结算，是指在向客人提供服务之前，预先收取全部或部分费用，也称押金，比如客人在办理入住登记时需要预先缴纳住店期间的全部房费；②现收结算，是指饭店在向客人提供服务的同时收取费用，比如客人在餐厅用餐或在饭店商场购物时会当场收取消费款项；③事后结算，是指饭店在向客人提供完服务或销售商品以后，定期或一次性地向客人收取费用，一般饭店和信誉良好的旅行社之间大多采用这种结算方式。

(二)饭店营业收入的日常管理

1.合理定价

价格是饭店为顾客提供各项服务的收费标准，也是计算营业收入的依据之一。营业收入的计量，是根据饭店向顾客提供的服务量和收费标准来进行的。饭店通过合理定价，向社会提供一定的商品和劳务之后，能保证取得合理的营业收入，同时，价格又是饭店之间竞争的一个重要手段。对于顾客来讲，在相同的商品和劳务面前，自然愿意购买价格偏低的。所以合理定价有利于提高酒店的竞争力，提升营业量，实现营业收入的最大化。

2.做好营业收入标准控制

做好营业收入标准控制，包括营业收入预测、决策和预算。应通过营业收入预测了解和掌握旅游市场供求关系变化和价格的变化规律，运用饭店的设施和人力资源去适应市场的需要，增加营业收入，降低成本费用并通过营业收入预算，调动各部门所有员工的积极性去完成预算任务。只有做好营业收入标准控制，才能使酒店用良好的环境去增加营业收入。

3.做好营业收入日常控制

现代饭店一般能为宾客提供多种服务，因此应收账款在饭店营收中所占的比重比较大，如果不能及时收回，将占用过多的资金。只有收回现金，才算是营业收入的真正实现。所以，做好营业收入日常控制，就是做好营业收入结算和应收账款的控制，努力减少营业收入损失，尤其是坏账损失，保证营业收入真正收回。

(三)饭店利润的概念与构成

利润是饭店经营的最终财务成果，是考核经营效果的意向综合性经济指标。饭店在增加服务量、提高服务质量、降低成本、增加营业收入及提高管理水平等方面所取得的成绩,都会综合地表现在利润这项指标上。

1.饭店利润的概念

营业利润是指由正常业务活动所取得的利润,是营业收入扣除营业成本、营业费用、营业税金、管理费用、财务费用后的净额。

2.饭店利润的构成

(1)营业利润。

营业利润是饭店正常业务活动所取得的利润,是利润的主要组成部分。计算公式分别为:

$$经营利润＝营业收入－营业成本－营业费用－营业税及附加$$
$$营业利润＝经营利润－管理费用－财务费用$$
$$利润总额＝营业利润＋投资净收益＋营业外收支净额$$

(2)投资净收益。

投资净收益是酒店对外进行的股票投资、债券投资及其他投资所取得的净收益,等于投资收益扣除投资损失后的数额。

(3)营业外收支净额。

营业外收支净额是指营业外收入减去营业支出的净额。营业外只出主要包括固定资产盘亏、处置固定资产、处置五星资产净损失、债务重组损失、计提的无形资产减值准备金、计提的固定资产减值准备金、计提的在建工程减值准备经、赔偿金、违约金、罚息和公益救助性捐赠等。

(四)饭店利润的分配

1.弥补饭店以前的亏损

饭店发生的年度亏损,可用下一年度的税前利润弥补。下一年利润不足弥补的,可以在五年内延续弥补,五年内不足弥补的,用税后利润来弥补。因此,先将本年净利润(或亏损)与年初未分配利润(亏损)合并,计算出可供分配的利润。如果可供分配的利润为负数(即亏损),则不能进行后续的分配;如果可供分配的利润为正数(即本年累计盈利),则进行后续分配。

2.提取法定盈余公积金

公积金又称公司的储备金,是指公司为增强自身财力、扩大生产经营、预防意外亏损,依法从公司利润中提取的一种款项。法定盈余公积金按照税后利润扣除弥补饭店以前年度亏损后的10%提取。当法定盈余公积金已达到注册资金的50%时可不再提取。法定盈余公积金用于弥补饭店亏损、发放现金股利或利润、扩大饭店经营或转为增加饭店资本金,但转增资本金后,饭店的法定盈余公积金一般不得低于注册资金的25%。

3.提取任意盈余公积金

任意盈余公积金是股份制企业按照公司章程或股东大会的决议,从可向投资者分配的利润中提取的公积金。任意公积金的提取与否及提取比例由股东会根据公司发展的需要和盈余情况决定,法律不作强制规定。

任意盈余公积金除了具有与法定公积金基本相同的用途外,还可用于饭店职工集体福利设施支出。

4.向投资者分配利润

饭店在弥补亏损和提取法定盈余公积金、任意盈余公积金后所余利润,才是可供投资者分配的利润,对于以前年度没有分配的利润,可以并入本年度向投资者分配。饭店向投资者分配多少利润,取决于饭店的利润分配政策。饭店应根据法律规定、股东要求以及饭店经营者需要等诸方面因素加以确定。

知识拓展10-2

雅高酒店2016年财报分析

三、饭店收益管理

(一)收益管理的起源和发展

收益管理的理论起源于20世纪80年代中期的美国航空业。当时,由于美国政府取消了对航空业的管制,航空公司竞争激烈。最早开始推行收益管理的是美国航空公司,从1981年到1991年的三年时间营业收入和净利润都有大幅度增加,而拒绝与时俱进的人民航空和泛美航空先后倒闭。那年起,航空业兴起了一场革命,新的收益管理的方法和工具不断涌现。收益管理的成功甚至吸引了美国可口可乐公司,它根据季节的变化来调节价格,即根据气温来调节价格,价格随气温的上升而上升。

收益管理的巨大成功,使得它迅速被服务型行业,尤其是饭店业广泛采用。这是因为饭店业和航空业几乎具有一样的特征:不可存储的产品,高的固定成本,低的可变成本,可事前预订,季节性,可细分的客源市场等。经过十多年的探索和改进,收益管理凭借先进的经营理念、完善的需求预测系统、全面客观的评估标准,有效可行的实施手段,成为世界品牌饭店经营成功的法宝之一。

21世纪初期,刚刚经历了一系列体制改革的中国民航企业成为收益管理的受益者,航班上座率、营业收入和利润都有明显的增加。现在,收益管理的理论和方法被中国的饭店接受和推广,有望成为中国饭店业未来的利润增长来源之一。

(二)收益管理的定义

收益管理的英文原来叫"yield management"(产出管理),现在叫"revenue management"(收益管理),也叫"revenue optimization"(收益最大化管理)或"profit optimization"(利润最大化管理)。其名称的变化体现了收益管理的内涵和外延的扩大。不管叫什么名,收益管理的实质是通过数据挖掘和对数据的分析,在不同时间,根据市场供求关系的不同,以及消费者行为规律和市场竞争环境的变化而采取的一种定价和分销策略,它通过对产品和服务、市场、价格和营销渠道等的细分,实行差异化管理和优化组合,是在适当的时候把适当的产品和服务、以适当的价格、通过适当的销售渠道、提供给适当的市场(顾客)的经营管理的过程。这个过程简称"五个适当"。这五个适当也体现了收益管理的主要工作内容和要素。对于饭店来说,收益管理的宗旨就是通过对价格和出租率的控制,在不增加资本投入的情况下,使饭店收益达到最大化。

(三)饭店收益管理的基本原理和计算公式

1.基本原理

收益管理基本原理主要是根据当地市场的供求关系来决定客房价格:供大于求时,降低房价,增加预订数量,使收益最大化;供不应求时,提升房价,使收益最大化;调整或优化客源结构,使收益最大化。

饭店经营管理者的目标就是要通过客房出租率和平均房价的提高来实现每房日平均收益(以下简称 RevPAR)的最大化,因为客房收入在饭店经营的总收入中的确占有很大的比重。一般来说,提供全功能服务的三星级以上饭店的总收入中有 50%～65%是来自客房。而在附属服务设施(主要是餐饮服务)有限的经济型饭店或者长住型饭店,高达 90%的收入则是来自客房。

2.计算公式

(1)平均房价计算公式。

$$平均房价＝客房总销售额÷实际客房出售数$$

例 10-1:A 饭店有客房 100 间,其中 60 间为标准间,房价 200 元/间;40 间为单人间,房价 180 元/间;当日房价以 8 折优惠,标准间房价 160 元/间,单人间 144 元/间,实际出租房为 80 间,其中标准间 40 间,单人间 40 间,则当日客房总销售额＝160×40＋144×40＝12160,日平均房价＝12160÷80＝152 元。

(2)出租率计算公式。

$$出租率＝(实际出租房间数÷可供出租房间数)×100\%$$

例 10-2:B 饭店有客房 150 间,当日出租间数为 120 间,则出租率＝(120÷150)×100%＝80%

(3)每房日平均收益(RevPAR)计算公式。

每房日平均收益也叫平均客房收益,RevPAR 是"Revenue Per Available Room"的缩写,意为"平均每间可供出租客房收入"。RevPAR 是衡量饭店客房经营水平和投资回报的一项重要指标。在国际通用的饭店教科书中,在国际饭店管理集团采用的统计体系中,以及饭店投资业主、饭店经营者、与旅游和饭店相关的咨询公司都将 RevPAR 作为非常重要的指标来使用。

饭店的 RevPAR 可以通过两种方式计算获得。

公式一: $$RevPAR＝实际客房收入÷可供房总数$$

例 10-3:仍以上面 A 饭店为例,A 饭店的 RevPAR＝12160÷100＝121.6,这个数字表明,该酒店每间客房产生了 121.6 元的收入,经营状况尚可。

公式二: $$RevPAR＝出租率×平均房价$$

则例 10-3 中 RevPAR＝80%×152＝121.6。

例 10-4:假如上述 A 饭店实际出租房为 50 间,其中标准间 30 间,单人间 20 间,则当日客房总销售额＝160×30＋144×20＝7680;日平均房价＝7680÷50＝153.6 元;出租率＝(50÷100)×100%＝50%;RevPAR＝7680÷100＝50%×153.6＝76.8。

RevPAR 是一个非常重要的指标,因为光看出租率并不能判断一个饭店的经营优劣,同理,仅凭平均房价也不能作出判断。而 RevPAR 则有助于比较全面地了解一个饭店的经营状况,因为它从出租率和平均房价两个方面来考察饭店的经营,假设一个饭店有 100 间客房,它的 RevPAR 是 100 元,那么不用任何计算器也能够计算得出,客房总营收＝100×100×365＝3650000 元。

(4)理想的平均房价计算公式。

理想单人房平均房价＝门市价出售的单人间收入÷单人间总房数

例 10－5:有一家经济型饭店有房 100 间,其中单人间 25 间,门市价 160 元;双人间 50 间,门市价 180 元;大床房 25 间,门市价 180 元,则该饭店理想的单人间平均房价＝25×160÷25＝160 元。

理想双人房平均房价＝门市价出售的双人间收入÷双人间总房数

例 10－6:上例中饭店的理想双人房平均房价＝50×180÷50＝180 元

理想大床房平均房价＝门市价出售的大床房收入÷大床房总房数

例 10－7:上例饭店的理想大床房平均房价＝25×180÷25＝180 元

(5)收益率指数。

收益率指数是衡量一个饭店经营好坏的重要指标,收益率指数越高,越接近理想的客房收入。收益率指数的计算公式是:

公式一:收益率＝客房实际收入÷理想客房收入×100%
＝(实际平均房价×已售客房数)÷(门市价×全部房间数)×100%

所谓理想收入就是按门市价出售的房价收入,也被称作潜在收入。

例 10－8:一家有 100 间房的饭店,假设它的门市价为 100 元,年出租率为 85%,则收益率＝(100×100×365×85%)÷(100×100×365)×100%＝85%

公式二:收益率＝出租率×房价实现率
＝(已售客房数÷可售客房数×100%)×(平均房价÷门市价×100%)

例 10－9:C 饭店有双人间 200 间,门市价 240 元,某日销售客房 120 间,平均房价 180 元,则收益率＝(120÷200×100%)×(180÷240×100%)＝60%×75%＝45%。

收益率指数可以用来比较两家饭店的经营优劣,还可以作为饭店房价调整的评估手段。

例 10－10:两个饭店 A 和 B,均有单人间和双人间各 100 间,已售房间数量均为 160,单人间门市价都为 180 元,双人间门市价都为 300 元。A 饭店售出单人间 70 间,均价 170,售出双人间 90 间,均价 255;B 酒店售出单人间 80 间,均价 180,双人间 80 间,均价 270。试问哪一家饭店的经营情况更好?

表 10－1 所示为 A、B 两饭店的收益率指数比较。

表 10－1　饭店收益率指数比较

饭店	可售房数		出售房数	门市价/元	实际均价/元	理想收入/元	实际收入/元	出租率	收益率
A	单人间	100	70	200	170	20000	11900	80%	69.7%
	双人间	100	90	300	255	30000	22950		
B	单人间	100	80	200	180	20000	14400	80%	72%
	双人间	100	80	300	270	30000	21600		

A 饭店收益率＝客房实际收入÷理想客房收入 100%
＝(170×70＋255×90)÷(200×100＋300×100)×100%＝69.7%

B 饭店收益率＝客房实际收入÷理想客房收入 100％

$$＝(180×80＋270×80)÷(200×100＋300×100)×100％＝72％$$

72％＞69.7％,所以 B 饭店的经营情况要好于 A 饭店。

例 10-11: A 饭店有 200 间客房,客房门市价为 200 元,目前市场销售价为 180 元,客房出租率为 80％,如销售价调整为 200 元,预计实际出租率会下降到 75％,问:是否可以调价?

调价前收益率＝调价前出租率×房价实现率

$$＝80％×(180÷200)＝72％$$

调价后收益率＝调价后出租率×房价实现率

$$＝75％×(200÷200)＝75％$$

72％＜75％,说明调价后收益率会上升,所以调价是可行的。

知识拓展 10-3

全季酒店 RevPAR 超过同档酒店一倍

(四)饭店收益管理的主要方法

1. 房价限制

房价限制是饭店收益管理中应用最广泛的一种方法。经营者在准确预测未来顾客需求的基础上,确定开放或关闭低价房的时期,并根据供求关系的不断变化,相应调整房价,因此称为房价限制。房价限制的目的,是在需求低时,通过开放低价房谋求出租率的上升;在需求高时,通过关闭低价房谋求平均房价的上升。最终,使饭店收益达到最优。

2. 差别定价

差别定价是饭店收益管理中技术要求最高、收益潜力最大的一种方法。经营者在细分市场的基础上区分顾客需求的差异,通过制定差别价格体系,在满足不同顾客需求的基础上,谋求销量和收益的最大化。比如同样的房型,对散客、团队客人、国际客人、国内客人就可以以不同的价格进行销售。差别价格避免了错失愿意出高价的客人,同时在市场需求低迷时也不会使原本可以低价卖出的房间闲置。

3. 时滞控制

时滞控制是指饭店通过限定客人的来店时间及住店时间长短,调节客房出租率的不均衡,以达到平均收益最大化的一种收益管理方法。时滞控制通常有三种方法:临近抵达日限定、最短住店时间限定、最短/最长时间限定。

例如,某市每年夏天都会举行啤酒节活动,通常是在 7 月 20 日开幕,26 日闭幕。每年 7 月 19 日那天是该市所有酒店入住率最高的一天,一直延续到 7 月 25 日,然后开始下降。根据这一情况,可以实行最少入住天数的策略,即只接受 7 月 19 日起一直住到 7 月 25 日甚至 26 日的客人。对 7 月 19 日以前入住的客人要实行限制入住天数策略,即必须在 19 日以前退房,除非他(她)也要住到 25 日或以后。

4.超额预定

客人预订后不到的现象时有发生。根据统计,订房不到者约占 5%,临时取消者约占 8%～10%(可能导致 50%～70%利润的流失)。超额预定是指饭店在订房已满时,实行有选的超额预订(如只对低档房实行超订),在降低风险的同时,确保收益最大化的一种饭店收益管理方法。但超额预定存在饭店违约的风险,因此可以通过统计分析预定历史资料、分析团队与散客订房比例、与同行建立业务协作关系来降低风险。

5.升格销售

当饭店高档客房(如商务房间)有存量,而低档客房(如普通标间)不够时,把部分存量高档客房以低档客房的价格出售,这种经营方法称为升格销售。这种经营方法的好处,一是有利于饭店收益的最大化;二是有助于加深顾客对饭店的印象,提升饭店的市场竞争力。

思考题

1.饭店投资可以分为哪些类型?
2.饭店筹集资金的方式有哪些?
3.简述饭店利润的分配方式。
4.简述饭店收益管理的基本原理和主要方法。

案例分析

中端酒店:小资情结与成本控制的平衡木

在豪华酒店和经济型酒店双双走低的当前,此前一直被忽视的中端酒店开始崛起,这点从如家、锦江系、华住和七天等酒店纷纷推出中端酒店项目便可窥见一斑。从表面看,中端酒店好像就是经济型与高端酒店的“中和”,但其实背后却蕴含着既要做到小资情调,又要控制成本的商业技巧,要玩转这个平衡木,必须先要了解顾客的需求,然后施展“加减法”“定制法”“设计法”等一系列“秘技”。

1.“加减法”

随着“三公消费”受限,很多单位的出差住宿标准降至每夜 400～500 元,这让不少高端酒店的客源走下坡路;而另有一部分经济型酒店差旅者则尽可能地寻找高性价比酒店,客源又有升级趋势。这两股客流基本都汇聚在中端酒店市场,这让此前默默无闻的中端酒店成为市场“新宠”。

基于上述客源构成,有市场不完全调查显示,中端酒店顾客的特性是:约 75%以上是商旅客,这类客人 1 年出差 12 次以上,即平均每个月至少 1 次以上出差;客户群基本以 1975 年至 1985 年生人为主,其中主力客源是男性;这类客人温饱不愁,对产品品质和服务有一定追求,多半具有小资情结甚至不乏文艺青年。因此他们需要的是品质不错但无需奢华的硬件设施、以舒适睡眠和洗浴为核心但又不乏情感共鸣的服务。

“中端酒店要学会做‘加减法’。核心是针对商旅客源的需求,即舒适的睡眠和洗浴,加大客房内床、卫浴等设备的投入,如果经济型酒店每间客房投入 5 万～8 万元,则中端酒店该数字至少 10 万元。此外,经济型酒店可能只需客房,几乎没有餐饮和会务服务,而中端酒店则不仅依靠客房收益,餐饮和会务也是中端酒店收益的来源。'加法'之后是做'减法',很多老酒店被成本拖累,问题在于这类项目'养'了大量客人很少使用的附加设施,中端酒店不是豪华酒店,不需游泳池、SPA 等娱乐设备,因此中端酒店首先要'砍掉'健身、娱乐、SPA 等设施,同时对人员数量进行控制,比如高端酒店的'人房比'(每间客房的平均服务人员数)至少在 1:1,而中端酒店应该控制在 1:0.7 或 1:0.5,我们维也纳将该数字控制在 1:0.3,一家 100 间客房的中端酒店配 30 人即可,大幅减少人力成本。"维也纳酒店品牌营销高级总监黄慧星指出。

2. "定制法"

不论是锦江都城还是亚朵,很多业者对床垫的要求都在提升,但不要以为床垫质量提升了,成本也大幅增长,有时成本反而降低。"这是一个规模效应,你先要作大量考察筛选,选定一家高品质床垫生产商后开模定制床垫,只要规模足够大,成本则不升反降。"亚朵酒店创始人兼 CEO 王海军表示。

亚朵、锦江都城、全季等方面的经营者反映,其床垫的舒适度堪比希尔顿等五星级酒店,但一家五星级酒店床垫成本可达 5000～6000 元,而中端酒店仅在 2000～3000 元,降低了约 50% 成本。

"定制法"还可随处体现。为突出文化内涵,亚朵酒店客房内会备有茶具,这是王海军在淘宝店"淘"来的,在海量对比性价比后,王海军找到一家生产商,定制了同款茶具,只要达到 1000 套的量,价格即可便宜 40%～50%,比如单买该茶具需 120 元一套,而定制成本仅几十元一套。

3. "设计法"

类似的还有"设计法"。比如将天花板设计成内凹,将灯管理在凹槽内由内向外射出灯光,朦胧而浪漫,照明效果也不错,关键是大大降低了成本——每个吊灯需 800～1000 元,而凹槽内放置 8 根灯管只需 80 元,效果还特别艺术。

"比之经济型酒店,中高端酒店的家具要有档次感,因此有时会使用实木或类似材料,而经济型酒店一般用中密度板。比较巧妙的是,中端酒店可使用实木贴面装饰,这类手法既能达到看似实木的效果,但其实仅是贴面成本。"上海锦江都城酒店管理有限公司 COO 李予恺说出了又一个诀窍。

此外,最能体现酒店档次的细节就是"六小件"洗漱用品。"为凸显锦江都城的中端感,我们使用了德国品牌 Aigner Black。经济型酒店的一套洗漱用品成本约 6 元,而 Aigner Black 的一套洗漱用品成本可能超过 10 元。"李予恺坦言。但"六小件"并非单纯地调整了采购价,其背后还有另一笔账。"你可以采用知名品牌洗漱用品,但在包装上有技巧,比如我们用一个专业品牌'体研究所',若我们采购小瓶装则一客一换,单次成本 3～4 元,于是我们采购 236 毫升的大瓶装,无需一客一换,可直至用完大瓶再换,单次成本仅 1.3～1.5 元,比单次成本 2 元的一般品牌'六小件'都便宜,可品牌却很有档次感。"王海军透露,"六小件"中牙刷的感受要细毛且软,因此其找了给洲际制作牙刷的厂商采购,但在牙膏方面则控制成本达到平衡。

(材料来源:http://www.yicai.com/news/3986783.html.)

思考:

1. 为什么成本控制对酒店来说非常重要?

2. 根据上述案例,中端酒店是如何在满足顾客需要的同时兼顾成本控制的?

3. 你认为中端酒店在成本控制方面还有些什么可采取的措施?

参考文献

[1]余炳炎.现代饭店管理[M].上海:上海人民出版社,1999.

[2]孟庆杰.饭店业导论[M].北京:中国旅游出版社,2009.

[3]朱承强.现代饭店管理[M].2版.北京:高等教育出版社,2011.

[4]郑向敏.现代饭店管理学[M].天津:南开大学出版社,2013.

[5]李伟清.酒店经营管理原理与实务[M].北京:中国旅游出版社,2012.

[6]李若凝.饭店管理[M].北京:机械工业出版社,2012.

[7]翁钢民.饭店管理概论[M].武汉:华中师范大学出版社,2007.

[8]蒋丁新.饭店管理[M].3版.北京:高等教育出版社,2010.

[9]郑向敏.现代饭店管理[M].北京:机械工业出版社,2011.

[10]仇学琴,罗明义,等.饭店管理原理[M].天津:南开大学出版社,2013.

[11]丁林,窦梓雯.酒店管理概论[M].北京:机械工业出版社,2014.

[12]牟昆.饭店管理概论[M].2版.北京:清华大学出版社,2016.

[14]马勇.饭店管理概论[M].北京:清华大学出版社,2006.

[15]傅生生.酒店管理[M].上海:上海交通大学出版社,2011.

[16]孙靳.现代饭店管理[M].西安:西北工业大学出版社,2012.

[17]唐秀丽.现代酒店管理概论[M].重庆:重庆大学出版社,2013.

[18]姚李忠.酒店管理概论[M].上海:上海交通大学出版社,2016.

[19]赵迁远.现代饭店市场营销[M].武汉:武汉理工大学出版社,2012.

[20]胡宇橙.酒店营销管理[M].重庆:重庆大学出版社,2016.

[21]秦远好.现代饭店管理[M].北京:科学出版社,2015.

[22]邹益民.饭店管理原理与实务[M].2版.杭州:浙江大学出版社,2016.

[23]胡敏.饭店营销实务[M].北京:中国人民大学出版社,2017.

[24]朱承强,曾琳.现代酒店营销实务[M].武汉:华中科技大学出版社,2016.

普通高等教育"十三五"旅游与饭店管理及会展策划与管理专业系列规划教材

该系列教材所涉及专业

旅游管理专业	旅行社管理专业
休闲旅游专业	导游专业
饭店管理专业	烹饪专业
餐饮管理与服务专业	会展策划与管理专业

拟出版教材名称

(1)旅游学概论	(24)餐饮服务与管理	(47)会展概论
(2)旅游法规	(25)康乐服务与管理	(48)展台展示设计
(3)中国旅游文化	(26)饭店财务会计	(49)会议策划与管理
(4)旅游资源学	(27)饭店信息化系统管理	(50)展览会策划与管理
(5)旅游美学	(28)饭店实用英语	(51)奖励旅游策划与管理
(6)旅游经济学	(29)酒水知识与吧台实务	(52)节事活动策划与管理
(7)旅游地理	(30)宴会设计	(53)会展场馆经营与管理
(8)旅游心理学	(31)食品营养与卫生	(54)会展市场营销
(9)旅游统计学	(32)厨房管理	(55)展览实务
(10)旅游会计	(33)餐饮成本控制	(56)会展英语
(11)旅游企业财务基础知识	(34)饮食养生	(57)会展电脑设计
(12)旅游市场营销	(35)烹饪原料学	(58)休闲学概论
(13)旅游区开发与规划	(36)烹调工艺学	(59)城市游憩学
(14)旅游公共关系	(37)烹饪化学	(60)度假区开发与管理
(15)旅游服务礼仪	(38)烹饪营养学	(61)娱乐与休闲场所经营与管理
(16)旅行社经营与管理实务	(39)烹饪卫生学	(62)景区与主题公园管理
(17)导游基础	(40)烹饪工艺美术	(63)邮轮游艇管理与服务
(18)导游业务及实训教程	(41)中国饮食文化	(64)度假饭店管理与服务
(19)客源国概况	(42)烹饪设备器具	(65)高尔夫球场管理与服务
(20)旅行社电子商务	(43)面点工艺学	(66)温泉度假区管理与服务
(21)旅游英语	(44)西餐厨艺	(67)文化遗产管理
(22)饭店管理概论	(45)中餐厨艺	(68)世界自然文化遗产
(23)前厅客房服务与管理	(46)烹饪英语	(69)旅游景区管理

欢迎各位老师联系投稿或索取相关课件资源！

联系人:李逢国

手机:15029259886　办公电话:029—82664840

电子邮件:1905020073@qq.com　lifeng198066@126.com

QQ:1905020073(加为好友时请注明"教材编写"等字样)

图书在版编目(CIP)数据

酒店管理概论/周亚,李玲,谭丹主编. —西安:西安交通大学
出版社,2017.11(2022.2 重印)
ISBN 978 - 7 - 5605 - 9074 - 5

Ⅰ.①酒⋯　Ⅱ.①周⋯②李⋯③谭⋯　Ⅲ.①饭店-商业企业管理-高等
学校-教材　Ⅳ.①F719.2

中国版本图书馆 CIP 数据核字(2017)第 273245 号

书　　　名	酒店管理概论
主　　　编	周　亚　李　玲　谭　丹
责任编辑	李逢国

出版发行	西安交通大学出版社
	(西安市兴庆南路 1 号　邮政编码 710048)
网　　　址	http://www.xjtupress.com
电　　　话	(029)82668357　82667874(发行中心)
	(029)82668315(总编办)
传　　　真	(029)82668280
印　　　刷	陕西天意印务有限责任公司

开　　　本	787mm×1092mm　1/16　印张 8.875　字数 210 千字
版次印次	2018 年 1 月第 1 版　2022 年 2 月第 4 次印刷
书　　　号	ISBN 978 - 7 - 5605 - 9074 - 5
定　　　价	25.00 元

读者购书、书店添货,如发现印装质量问题,请与本社发行中心联系、调换。
订购热线:(029)82665248　(029)82665249
投稿热线:(029)82668133
读者信箱:xj_rwjg@126.com